DE MAN DIE 2½ JAAR DOOD LAG

Joris van Casteren

De man die 2½ jaar dood lag

BERICHTEN UIT HET NIEUWE NEDERLAND

2003 Prometheus Amsterdam

© 2003 Joris van Casteren
Omslagontwerp Erik Prinsen, Venlo
Foto auteur Jannah Loontjens
www.pbo.nl
ISBN 90 446 0335 3

Inhoud

Goudhaantjes 7

MEDELANDER EN NEDERLANDER
Asielplukkers 19
Poel van verderf 27
Een taalbuddy voor de imam 36
Nieuwkomers op schoolkamp 44
Turk vreest teckel 58
De armste wijk van Nederland 67
De bodyguards van Lelylaan 76

ZELOTEN
De stigmata van Agatha 95
Solo op zee 105
Gewoon gezellig 113
Duivels leer op zondag 122
De ongeluckige voyagie 134
De necromanen 144
Zoo zoete dal 160

DE MOED DER WANHOOP
De man die 2½ jaar dood lag 175
Woongriep in de woongroep 192
Tussen wal en schip 203

Gien gekkighoid *212*
Nooit meer punniken *222*
De otterillusie 1 *230*
De otterillusie 2 *239*

Verantwoording *257*

Goudhaantjes

Maandag. Gerry (66) heeft vanochtend een geiser bij de vuilnis vandaan gehaald. 'Wat heb je d'r aan?' zegt Cor (68). 'Er zit tegenwoordig nauwelijks nog koper in. Twee gram hooguit, bij de mengkraan. Twee gram te voorschijn branden, met de kans dat je koper smelt. Nou nou, wat een winst.' Hoewel er plaats genoeg is op de bank in het Amsterdamse stadhuis gaat de spreker altijd staan. In een geblokt jasje boven een vale pantalon, zwartleren laarsjes en veel goud aan nek, vinger en pols schreeuwt Gerry zijn afkeurend mompelende leeftijdgenoten toe. 'Ik heb me toch een mooie boormachine in de schuur hangen. Laadt zichzelf op. En krachtig, jonge jonge. Laatst schoot ik zo door naar de buren.'

Achter Gerry's rug komt in een lange leren jas en met een gele zonnebril op zijn kale schedel de 84-jarige Guus aangeschuifeld. 'Ik zeg goeiedag heren.' In het midden wordt eerbiedig plaatsgemaakt. Guus is een gevierd motorcoureur. Tot z'n vijftigste heeft hij speedway gereden. In Oostenrijk werd hij Europees kampioen. 'Rechts van mij stond Josef Hofmeister, de grote rivaal. Hij had een veel te breed stuur. Bij het optrekken blijft dat stuur achter mijn buitenkabel haken, en wipt zo het hoedje van m'n gastoevoer af. Ik kreeg veel te veel gas, op topsnelheid moest ik door de bochten. Ik kon niet corrigeren want op speedwaymotoren zit geen rem. Dwars lag ik in de bochten. De sintels vlogen in de rondte. Wonder boven wonder heb ik 'm overeind weten te houden. Toen moest ik natuurlijk wel winnen.'

De andere bejaarde mannen op het bankje zijn geen *speedwayer* geweest. Wat ze dan wel zijn geweest is moeilijk te zeggen. Hun leven lang hebben ze gescharreld. Namen nu eens dit ter hand en na een tijdje weer wat anders. Met onderhandse verkoop verdienden ze een centje bij. In ieder geval hebben ze allemaal, voor korte of voor lange tijd, achter een kraam op de markt gestaan.

Henk: 'Een goeie marktkoopman houdt 's winters voor z'n warme bollen een vaste prijs aan.' Ben: 'Onzin. Je moet kunnen zeggen: oké, ze zijn vijf gulden per stuk, maar u krijgt ze voor vier.' Henk: 'Nee. Dan loopt u maar verder. Waarom zou ik verkopen voor vier als ik zeker weet dat het kan voor vijf? Dan wacht ik liever.' Ben: 'Je moet niet altijd het onderste uit de kan willen halen.'

Henk: 'Natuurlijk wel. Dat is juist de succesformule.' Ben zwijgt. Henk: 'Waarom zeg je nou niets terug? Denk je soms dat ik je sprookjes vertel?' Henk smijt zijn alpinopet op de grond. Dat is voor de anderen het teken om zich in de strijd te mengen. Hun stemmen galmen door de marmeren hal.

Dinsdag. De ruzie van gisteren is niet bijgelegd. Het gezelschap staart somber voor zich uit. Buiten staat Freek een zak broodkorsten leeg te schudden. Gerry doet een keer Donald Duck na; hij is de enige die z'n eigen tanden nog heeft.

Plotseling klinkt getik van hoge hakken op. De oudjes veren op. Heupwiegend komt een dame voorbij. 'Lekker hè, die kont,' zegt Gerry. 'Die benen... als een reiger,' zegt Ben. 'Tot aan je huig, schatje,' sist Gerry. 'Pas maar op,' zegt Cor. 'Dadelijk draait ze zich om. Zegt ze: wat moet je nou vieze ouwe grijze lul.' Guus: 'Dat zeggen ze tegen mij ook wel eens. Dan zeg ik: je zal je ouwe moer bedoelen.' Instemmend geknik.

Cor herschikt de ene lok waarin hij al zijn haarrestanten heeft gekamd. 'Als ik doodga, heb ik gezegd tegen mijn zoon, zet je een container voor de deur en gooi je de hele kankerzooi naar buiten, alles. En degene die grabbelen wil, die grabbelt maar.' Ernst: 'Ik ben toch wel eens bang. Die onzekerheid. Hoe lang duurt het nog?' Leen: 'Waarom zouden we bang zijn? Er is een begin en er is een eind. Er is er nog nooit een teruggekomen om te vertellen dat dat niet klopt. Al die verhalen, trap er toch niet in.' Guus: 'Moet je goed horen, ik ben 84 en ik hoop nog een jaartje of wat te leven met die nieuwe varkensklep. Vanochtend had ik het weer zo benauwd.' Henk: 'Ach Guus, jij kunt gerust naar boven toe. Jij hebt fatsoenlijk geleefd. Jij krijgt vast een nette stoel aangeboden. Dat is bij de meeste van ons wel anders.'

Ernst merkt op dat er nog geen duif van de broodkorsten heeft gegeten.

Cor: 'We leven in de tijd van verwenning. Je ziet het zelfs aan de vogels. Het is niks meer tegenwoordig.' Guus: 'Ik denk nog wel eens aan de zaterdagavonden van vroeger. Eerst lekker douchen, me eigen scheren en dan met de vrouw een bioscoopje pikken, Cinema Royal meestal. Daarna de kroegentocht. Op het Rembrandtplein kochten we een broodje warm vlees.' Cor: 'Tegenwoordig loop je niet meer veilig over straat.' Ernst: 'Ik heb het gezien. Een jongen komt er aanrijden op z'n brommer. Met een mannetje of vier pakken ze hem. Weg brommer. Dat had je vroeger niet.' Guus: 'En weet je wat het is, als ze zoiets flikken, kan ik m'n mond niet houden. En dan slaan ze je zo in mekaar. Uit voorzorg heb ik me bewapend.' Guus slaat zijn leren jas open. Onder zijn riem glimt een colt.

Woensdag. Ben (70) is er als eerste. Anders dan de rest draagt hij een paars New Balance-trainingspak met elastiek in de pijpen. Daaronder sportschoenen. In zijn jonge jaren werkte Ben in de bouw. Al vlug kreeg hij last van zijn rug en werd afgekeurd. De uitkering vulde hij op alle mogelijke manieren aan. 'Vroeger zaten we in café 't Stuivertje. Daar was goud te krijgen, ringen hoofdzakelijk. Ik kocht ze voor een prikkie in. Dan op naar de temeiers, verkopen aan de klanten. Toen 't Stuivertje dichtging, kwamen we samen voor de Mozes en Aäronkerk.' Dirk, Cor, Nelis, Henk en Gerry arriveren. Toffees worden rondgedeeld. Ben: 'Als iemand wat nodig had, wij wisten het te regelen. Het waren vooral oude dametjes, die na het overlijden van de echtgenoot een reis wilden maken. Met handen vol juwelen kwamen ze aanzetten. Die konden we met dikke winst doorverkopen. Tot de politie rook waar we mee bezig waren. We kregen een samenscholingsverbod opgelegd. Als vee werden we opgejaagd. De mensen gingen hun goud naar de Nes brengen.'

Het samenscholingsverbod is nog altijd van kracht. Maar de portiers van het stadhuis – dat in de jaren tachtig op het Waterlooplein verrees – staan de aanwezigheid van de oude mannen oogluikend toe. Gehandeld wordt er echter nog volop. Vandaag heeft Cor een plastic tas vol overhemden mee. Maatjes 43. Geeltje per stuk. Herkomst onbekend. Nelis geeft een verdwaalde 160-karaats ring door. Gerimpelde handen trekken loepen uit de broekzak te voorschijn. Henk, de hoogste bieder, neemt de ring voor een tientje mee.

Een gids komt met toeristen langs. Ze houden halt bij het beeld van de violist die al spelend door de vloer breekt, tegenover het bankje. De gids probeert te vertellen dat de kunstenaar de anonimiteit verkiest en dat men daarom aanneemt dat het de koningin is. De gids komt nauwelijks boven Gerry uit, die weer is gaan staan. 'Wij zijn met z'n tweetjes thuis, we hebben niet veel afval. Soms zeg ik: laat hem toch staan, d'r zit maar zo'n beetje in. Nee zegt ze dan, dat gaat stinken. Dus zet ik 'm donderdagavond om een uur of tien buiten.' Henk: 'Overtreding.' Gerry: 'Al vanaf negen uur mag ik m'n vuilniszak buitenzetten.' Henk: 'Nee, op de dag van het ophalen pas. Dat is altijd zo geweest.' Gerry: 'Hoe kom je daar nou bij? Als ik een film gekeken heb, zet ik die zak buiten, dan is het een uur of tien. En dat mag.' De toeristen vergeten het beeld en maken foto's van de mannen op het bankje.

Donderdag. Alleen Gerrit (72) is er nog. 'Ze denken dat je van de politie bent,' zegt hij. 'Maar wat hier gebeurt, interesseert een politieman niks. Die handel van ze, het stelt geen moer voor. De sjacheraars bietsen bij een heler een horloge en verkopen het voor grof geld door. De koper gaat ermee naar de bank van lening, waar het nog geen geeltje waard blijkt te zijn. Zo'n voorwerp wordt jaren achtereen binnen de groep doorverkocht. En zo circuleren ook de verhalen.' De mannen weten altijd precies wat de goudprijs is. Gerrit: 'Schiet die een paar centen omhoog dan verwisselen hier gelijk kettingen en horloges van eigenaar.'

Op fluistertoon gaat hij verder. 'Ze lopen met messen rond. Guus zelfs met een pistool. Als er een keer niet geluisterd wordt naar z'n speedwayverleden, zie ik hem zo de trekker overhalen. Gerry heeft anderhalf jaar vastgezeten. Had ingebroken in een gereedschapszaak.' Gerrit heeft zijn leven lang gewerkt op de afdeling gevonden voorwerpen van de NS. Na de laatste rit haalde hij de treinen leeg. 'Door mijn werk kreeg ik ook andere kranten onder ogen. De NRC bleef vaak liggen in de treinen. Zij lezen hooguit *De Telegraaf*. Dan komen ze 's ochtends hierheen en je hoeft ze niks meer wijs te maken, zo heilig zijn ze overtuigd van hun gelijk.' De mannen komen hier omdat ze thuis zijn uitgepraat, meent Gerrit. 'De vrouw zijn ze allang vergeten. Die is er voor het eten en de afwas. Liefst zouden ze in een koffiehuis zitten, maar de arme donders hebben er simpelweg het geld niet voor. Ze hebben allemaal AOW, meer niet. De meesten hebben schulden. Hier vormen ze een familie. Constant liggen ze met elkaar overhoop. Over woorden of over handel, dat maakt niet uit.'

's Middags, als de mannen arriveren, blijkt dat ze liever anderen dan zichzelf verantwoordelijk houden voor de karige herfst van hun leven. Dirk: 'Ik zat in de metro en was de enige blanke.' Henk: 'In de schoenenwinkel zag ik hoe ze een oud paar in de schappen zetten en met het nieuwe paar de winkel uitliepen.' Cor: 'Ze zitten altijd aan mijn auto. Dan ren ik naar buiten maar ik kan ze niet van elkaar onderscheiden. Ze lijken zoveel op elkaar.' Nelis: 'Hebben we de oorlog soms voor nop gestreden? Er wordt geld bezuinigd op onze ouwedagsvoorziening om die uitvreters te spekken.' Na een tijdje blijken er toch wel 'goeien' bij te zitten. Die willen werken. En toen dat Marokkaanse gezin – met die vader die z'n dochter rijles gaf – te water ging en ze allemaal verdronken, dat was toch erg. Nelis moet ook niet overdrijven, vinden ze. Is hij niet op vakantie geweest in Turkije? En heeft hij daar niet een mooi stel horloges ingeslagen die hij hier met winst verkocht heeft?

Dirk: 'Jongens, herinneren jullie je Pinda-Jantje nog? Die suikerpinda's verkocht. Hij wilde op een gegeven moment een kraam, kwam-ie met een Kip-caravannetje aanzetten. Hij kon er niet eens rechtop in staan. Toen hebben we de vloer eruit geslagen. Stond hij op straat, je zag z'n voeten eronderuit steken. We hebben er zeil omheen gehangen, tegen de tocht. En daar stond die ouwe z'n pinda's te branden.' Nelis: 'Die kraam liep nog best goed.' Dirk: 'Maar hij deed meer dan pinda's branden. In de zomer als er wielerwedstrijden waren in het Olympisch Stadion of met voetballen, verkocht hij er stiekem repen. Werd hij door suppoosten achterna gezeten over de tribunes.'

Vrijdag. Nog legendarischer dan Pinda-Jantje is Harry Walvis. Iedereen, zelfs Guus, had Harry Walvis willen zijn. Harry Walvis is een scharrelaar die geslaagd is in het leven. Hij houdt er veel geld, vrouwen en auto's op na.

Ben: 'Harry Walvis ging 's ochtends vroeg met een bakfiets de wijk in om spullen te halen die hij hier op het Waterlooplein verkocht. Je kon het zo gek niet prakkiseren of hij had het te koop, tot groente aan toe.' Dirk: 'Hij stond niet op de markt zelf. En zeker niet met groente. Er was een groentewinkel in de Jodenbreestraat.' Ernst: 'Dan heb jij je ogen in je zak gehad.'

Over hoe Harry Walvis zijn kapitaal vergaarde, bestaan grote verschillen van inzicht. Dirk: 'Hij heeft altijd een voddenvergunning gehad voor Amsterdam-Noord. Samen met Lowietje en Golie. Dat waren de drie kooplieden die op hun bakfiets naar het Waterlooplein kwamen. Dat was pas in 1977.' Cor: 'Ik stond hier vlak na de oorlog met lingerie en ik kocht altijd een homp kaas bij hem. Hoe kwam ik daar dan aan?' Dirk: 'Wees nou niet eigenwijs, hij heeft z'n geld verdiend in Noord. Zij waren de enigen die in dat rayon mochten komen om uit de schuren allerlei vodden te halen.' Henk: 'Harry Walvis heb ook met haring gestaan.' Dirk: 'Schei nou toch uit met je geschreeuw. Hij mocht niet eerder dan twaalf uur hier komen, vodden uitladen. Wil je wedden om een kop koffie? Harry heeft op het Waterlooplein nooit een vaste plaats gehad. Hij was voddenventer net zoals ik.' Henk: 'Na de oorlog is hij marktkoopman geweest, zoals ik.' Dirk: 'Man, hoe kom je er toch bij?'

Door de draaideur is een fotograaf de hal binnengekomen. In het volgende kwart van de draaideur zit een bruidspaar. Minutenlang blijft de deur een enorme familie naar binnen scheppen. Op weg naar de trouwzaal spelen kinderen met elkaar en strooien ooms en tantes bloemen rond. Gerry: 'Wat een bruidje, wat een bruidje. Lekker hoor, vanavond met zo'n poppetje in bed. Die heb-ie uit Thailand gehaald.' Henk: 'Nee, dat is duidelijk Vietnamees.' Nelis: 'Hé, bruidegom, mot je getuigen hebben? We doen het voor een borrel.'

MEDELANDER EN NEDERLANDER

Asielplukkers

Krabbendijke, een Zeeuws gehucht op het dunste stukje van Zuid-Beveland. Aan het einde van de middag nadert een stoptrein uit Roosendaal het eenvoudige station. Op de parkeerplaats wacht naast een witte terreinwagen met draaiende motor fruitteler Theo Vogelaar. Handen in de zakken, broekspijpen in zijn laarzen gepropt, donkerblauwe bodywarmer met op de naden te voorschijn springende vulling.

'Ze hebben vaak wel drie of vier namen,' zegt hij. 'De achternaam is bij hun de voornaam. Een heleboel heten Achmed. Wie hier Jan heet, zou daar Achmed heten.' Hij heeft speciaal naar Koerden gezocht. 'Die weten van aanpakken. Somaliërs heb ik niet zo graag. En Marokkanen zijn in de regel te agressief. Bovendien ligt in zuidelijker gelegen gebieden het werktempo lager.' Irakezen en Turken zijn ook wel goed. 'Alleen kun je ze nooit bij een Koerd in het perceel zetten. Koerdistan claimt een deel van hun land, dat weten die mensen ook allemaal.'

Uit de trein stroomt een twintigtal Koerdische mannen. 'Daar zul je ze hebben,' zegt Vogelaar. Hij wenkt. 'Welkom mannen. Goede reis gehad? Leg de bagage maar achterin.' Hij wijst de eerbiedig buigende Koerden de kortste weg naar zijn bedrijf en vertrekt in de terreinwagen. De groep zet zich in beweging. Nieuwsgierige Krabbendijkers houden de gordijnen opzij als het gezelschap door de straten trekt.

Het is begin september en het fruit op de vaderlandse velden smeekt om geplukt te worden. Vroeger kon een boer rekenen op hulp van scholieren, huisvrouwen of langdurig werklozen. Tegenwoordig hebben ze in de fruitteelt steeds meer moeite met het vinden van plukkers. Vogelaar: 'Ik heb ze meegemaakt, de mensen die je kunt krijgen via de sociale dienst of het arbeidsbureau. Die komen met tegenzin. Gaan ze naar de wc, blijven ze een halfuur weg. Met een beetje regen rennen ze gelijk naar de schuur. En een trammelant in de boomgaard. Een keer rende er een vrouw naakt doorheen. Zo vaak als er perengevechten uitbraken, niet mooi meer. Meerdere malen stond ik op het punt de politie te bellen om de kavels te laten ontruimen.'

Te laat geplukte vruchten verliezen direct de veilingwaarde en zakken af naar industrieprijsniveau. Ze leveren dan nog geen kwartje per kilo op en worden verwerkt tot moes of babyvoeding. Dat nooit, dacht Vogelaar. In 1993 bestelde hij dertig Polen bij een bureau. 'Op een zaterdag kwamen ze aan. Twee dagen later stond de vreemdelingenpolitie op het erf. Bleek dat de Polen alleen beschikten over een toeristenvisum.' Vogelaar kreeg een proces-verbaal voor het plegen van een economisch delict. 'Ondertussen zat ik met de oogst. De peren zouden overrijp in de koelcellen komen te liggen. Ik ben direct naar het asielzoekerscentrum in Goes gereden. Ik heb er tien meegekregen en ze gelijk de boomgaard ingestuurd. Uiteindelijk had ik nog vier ton schade. Maar aan die asielzoekers, wist ik, heeft het niet gelegen.'

Achteraf kreeg Vogelaar nog een hoop problemen met zijn initiatief. Werkvergunningen voor asielzoekers werden in die tijd niet zomaar afgegeven. De Arbeidsvoorziening was bang dat asielzoekers de autochtone werkzoekenden in de weg zouden zitten. Toestemming om asielzoekers te werven kreeg een teler pas als er niet één dienstwillige werkloze in de bestanden meer te vinden was. Vaak was het dan al te laat, het fruit al zacht vanbinnen. Wormen begonnen er verlekkerd doorheen te graven, de peren scheurden van de stengel en spatten als waterdruppels uiteen op de klei.

De autoriteiten zagen wel brood in het plan van Vogelaar. Halverwege de jaren negentig was er nauwelijks nog werkloosheid en de asielzoekerscentra puilden uit. In 1998 liet het kabinet een speciale regeling van kracht gaan. De telers konden met ingang van de septemberoogst vrijelijk beschikken over asielzoekers. Daarop dienden veel van de drieduizend fruitteeltbedrijven in Nederland een aanvraag in. In totaal zijn zo'n negentienduizend arbeidskrachten nodig om de oogst binnen te halen. De jaren daarna zouden, in navolging van Vogelaars experiment, enkele duizenden plaatsen door asielzoekers worden ingenomen.

'Koerdistan wordt door vier landen aangevallen,' zegt Awni Khoshnaw op weg van het station naar het perenbedrijf van Vogelaar. 'Turkije, Iran, Irak en Syrië. In Hawler, waar ik woonde, heeft het Irakese leger vijfduizend mensen vermoord. Een aantal is levend begraven. Ik heb gediend in het bevrijdingsleger van de Patriottische Unie van Koerdistan (PUK). Ik heb gevochten tegen die vuile Irakezen. Ik weet niet hoeveel ik er afgemaakt heb. Na bedreigingen ben ik gevlucht. Het heeft me zesduizend dollar gekost om in Nederland te komen. Mijn vrouw en familie zijn achtergebleven. Ik voel dat ze leven maar ik weet het niet zeker. Ik zit nu een jaar in het opvangcentrum van Burgh Haamstede. Ik wil graag werken. Een Koerd hoort zijn hand niet op te houden.'

Op het erf van Vogelaar Fruits BV staat een toren van zesduizend grote lege houten kisten, wel twintig meter hoog. De komende vier weken moeten ze stuk voor stuk en tot aan de rand met peren gevuld worden. Wat verderop zijn zeven caravans neergezet, de slaapvertrekken voor een deel van de groep. In de grote schuur staan nog eens twaalf stapelbedden. Op de plek waar hij gewoonlijk zijn landbouwmachines parkeert, heeft Vogelaar campingtafels aan elkaar geschoven. Mandjes brood, pindakaas, hagelslag, stroop en salamiworst. De mannen nemen plaats op plastic klapstoeltjes, de vrouw van Vogelaar komt langs met thermosflessen en schenkt koffie of thee. In een hoek staat een zwartwittelevisie met oude fauteuils eromheen. Vogelaar legt de Koerden uit dat ze in de avond gebruik mogen maken van het Rummikub-spel, de pingpongtafel en de sjoelbak.

Tijdens de broodmaaltijd knoopt Vogelaar een gesprekje aan met zijn nieuwe rekruten. 'Zeg, hoe heet die stad ook weer, waar Saddam zo huisgehouden heeft met dat zenuwgas?' vraagt hij. 'Hebben jullie daar gewoond?' Een buurman komt de schuur binnengewandeld. Hij stoot Vogelaar aan en vraagt hoe dat moet met bidden en zo. Het geloof is volgens Vogelaar geen struikelblok. 'De koran is een afgeleide van de bijbel.'

Conform de CAO betaalt Vogelaar zijn manschappen elf gulden vijftig per uur. Ze werken veertig uur in de week. Vogelaar: 'In de opvangcentra vervelen ze zich dood. Ze staan te springen om te helpen met de pluk. Die mensen willen in Nederland wonen, het is dan toch logisch dat ze de handen uit de mouwen steken. Ze voelen zich zelfs verplicht dat te doen, ze kosten de Nederlandse maatschappij een hoop geld. Bovendien verdienen ze er een leuke cent bij en bevordert het de integratie. De kans dat ze crimineel worden is ook een stuk kleiner. Zij kunnen het werk doen waar Nederland zich tegenwoordig te goed voor voelt.'

'Ik ben opgegroeid in Kefri, een middelgrote stad in Iraaks Koerdistan,' vertelt Dachti Fadek na het eten. 'Ik was taxichauffeur. Ik was politiek actief voor de PUK. Toen een partijlid gearresteerd werd, ben ik gevlucht. Ik landde op Schiphol zonder dat ik ook maar iets bij me had. Ik verblijf nu twee jaar in AZC Waddinxveen. De kamer deel ik met drie anderen. Het AZC zit vol met mensen die compleet zijn doorgedraaid. Ik heb dit werk aangenomen om eraan te ontsnappen. 's Nachts denk ik aan mijn vrouw en kinderen die nog in Koerdistan zijn. Ik heb ze in gevaar gebracht door te vluchten. Telefoneren is haast onmogelijk. Saddam heeft de kabels doorgesneden. Bellen per satelliet is duur. In het centrum krijg ik 86 gulden per week. Met het geld van de perenpluk kan ik vaker bellen.'

In de schuur verheft Vogelaar zijn stem. 'Jullie gaan

morgen de conference-peer plukken. Een soort die goed gedijt in Zuidwest-Nederland. Ze moeten er binnen vier weken af zijn. Het suikergehalte ligt al op twaalf. Het hoeft maar elf te zijn. We hebben te maken met internationale markten die hoge eisen stellen.' Eén voor één roept Vogelaar de Koerden bij zich. Ze mogen een paar laarzen uitzoeken en krijgen een kanariegeel regenpak aangemeten. In de capuchon wordt met een watervaste viltstift een nummer aangebracht. Op Vogelaars bureau ligt een formulier van de Arbeidsvoorziening. Daarop staan de namen van degenen voor wie hij een werkvergunning heeft ontvangen. Na een tijdje blijkt dat er meer Koerden in de schuur zitten dan er namen op de lijst staan. 'Vroeger nam ik dan de gok en hoopte ik maar dat er geen inspectie kwam,' zegt Vogelaar. 'Die angst is nu weg. Morgen bel ik even naar de Arbeidsvoorziening en het wordt meteen in orde gemaakt.'

Om tien uur gaat het licht uit. De hele nacht praat ik met de Koerden die om mij heen in de stapelbedden liggen. Allemaal willen ze hun levensverhaal kwijt. Nouri Mustafa Rebwan legt uit hoe Saddams veiligheidsdiensten te werk gingen: 'Ze brandmerken je, laten honden op je los en trekken je nagels uit. Uiteindelijk kun je je mond niet houden.' Omdat de kans bestond dat ze ook hem op een dag van zijn bed zouden lichten, besloot Rebwan te vluchten. 'Het heeft me zevenduizend dollar gekost om hier te komen. Met het geld dat ik hier verdien kan ik door Nederland reizen. Reizen is goed voor me. Ik kan niet lang op een plek blijven. Ik zit in AZC Heerenveen in een bungalow met zeven anderen. Ik heb dit werk genomen om niet na te denken.'

Zes uur in de ochtend. Klei zuigt aan de laarzen. De wind, zilt van de Oosterschelde, waait in het gezicht. Een zachtroze zon aan de einder. In hun gele pakken horen de Koerden Vogelaars instructies aan. 'We plukken ieder aan een kant van de boom. We plukken van onder naar boven. We plukken de peren waar we bij kunnen. Kunnen we er niet bij dan pakken we een trap. Niet van boven peren in de kist gooien. Erg belangrijk is dat de steeltjes eraan blijven. Anders gaat de peer rotten in de kist. Wij zeggen altijd: geen meisjes plukken. Begrijpen jullie dat?'

De knechten Adriaan en Jos brengen aan de kop van elk perceel twee Koerden in stelling. Als Vogelaar het signaal geeft, vliegen de Koerden op de boompjes af. 'Jongens kalm, rustig aan,' zegt Vogelaar. De Koerden zijn niet te stoppen. Als razenden jagen ze door de boomgaard. De peren in de kisten hopen zich snel op. Haji Kamiran, volgens Vogelaar 'hun leider', wordt erbij gehaald. 'Ze zijn te zenuwachtig,' zegt Vogelaar tegen hem. 'Er vallen te veel peren op de grond. Straks raken de bomen beschadigd. Dit zijn dure bomen, speciaal gekweekt in Portugal. Kalmeer ze en zeg ze gelijk op te gaan. Dat ze als het ware een lijn vormen.' In het Koerdisch schallen de instructies over het veld. Na een tijdje hebben de Koerden het gewenste ritme te pakken. Een van hen heft een lied aan. Wat later klinkt het over het hele veld.

Om halftien is er pauze. Jos en Adriaan zijn ook tevreden. 'We werken liever met deze mensen dan met Nederlanders. Ze luisteren goed. Er zou op grotere schaal gebruikgemaakt moeten worden van asielzoekers. Er is zat te doen voor ze in de landbouw. En ze willen. Want verder hebben ze niets. Een Nederlander kan altijd weer een uitkering aanvragen.' Om vijf uur verlaten de mannen het veld. Ze kloppen de laarzen schoon en trekken de gele pakken van het bezwete lijf. Met heftrucks halen Jos en Adriaan liefst veertig volle kisten van het veld.

Vier weken lang hebben de Koerden peren geplukt. Van 's ochtends zes tot 's middags vijf. Om twaalf uur pauze en één dag vrij in de week. Op een van die vrije dagen regelde Vogelaar een bus. Ze reden naar de Deltawerken en daarna naar Vlissingen, waar hij ze op schepijs trakteerde. Hij had met ze naar Knokke gewild maar wist niet zeker of hij wel met ze over de grens mocht. In de bus zongen ze hetzelfde lied als in de gaard. Vier weken heeft het plukken geduurd. Toen waren alle kisten vol.

Poel van verderf

Tussen de hoge bomen op het terrein van het Amsterdamse Sloterparkbad staat een gecamoufleerde barak. Op het dak een driekleur strak in de wind. Door een van de luiken beweegt de fonkelende lens van een verrekijker. Het is een hete julidag, op het grote grasveld braden honderden lichamen in de zon. Geur van patat en zonnebrandolie. Frisbees glijden door de lucht, gesmolten ijs druipt over kinderhanden, geknijp in meisjesbillen, wegstuivende knaapjes. In vlagen bereikt het geluid van transistorradio's, badmeesterfluitjes en mensenstemmen de barak. Gerard Smit, die liever spreekt van 'het moederstation', legt de verrekijker neer.

Vroeger was hij actief bij de marine-inlichtingendienst op de centrale NAVO-commandopost in Noordwijk. Nu is Smit de hoofdman van het Jongeren Service Team (JST), een initiatief dat kansarme jongeren uit het Amsterdamse stadsdeel Geuzenveld/Slotermeer van het criminele pad probeert af te houden door ze in te schakelen bij de beveiliging van het Sloterparkbad. Opleiding is niet nodig, bijna iedereen komt in aanmerking. Hoewel diefstal met geweld te ver gaat, wordt de rekruut niet afgewezen als hij zich ooit eens aan een vechtpartijtje heeft bezondigd.

Na drie jaar strijd heeft Smit de criminaliteit in het zwembad als een getemd dier aan zijn voeten liggen. Het aantal aangiften van diefstal, verkrachting en gewapend conflict in het Sloterparkbad daalde met 46 procent. 'Je moet niet denken dat het ooit helemaal voorbij zal zijn met de ellende,' zegt Smit. 'Als je de teugels laat vieren breekt de hel weer los. In een ander zwembad werd van de week iemand in zijn gezicht gestoken, de dader is gewoon ontkomen. De beveiliging is er zwak en prompt gebeurt het.'

De jongeren komen op eigen initiatief of op last van justitie in de buurt. 'Het belangrijkste is dat hun discipline wordt bijgebracht,' zegt Smit. Inmiddels zijn 55 jongeren door de zuiveringsinstallatie van het project gegaan. 39 van hen hebben nu werk, overwegend in de beveiligingsbranche. Smit: 'De meeste ex-deelnemers gaan de *security* in, de rest naar de politie of het leger. Iedereen is tevreden. De criminaliteit wordt teruggedrongen en die jongeren zijn van de straat.'

Vanuit het moederstation overziet Smit het terrein en dirigeert hij de troepen. In de zomerperiode is het moederstation zeven dagen in de week bemand, van vroeg in de ochtend tot laat in de avond. Door de ontvanger in de meldkamer schallen de stemmen van de merendeels allochtone, in rode uniformen gestoken JST'ers die met een portofoon hun ronde doen langs het achttien hectare grote buitenbad aan de Sloterplas.

Terwijl Smit de gevonden voorwerpen van gisteren in de computer invoert, staat hij portofoon 02 te woord. 'Hier moederstation, zeg het maar 02.'

'Kan iemand mijn post overnemen? Ik heb een code oranje.'

'We zullen kijken wat we kunnen regelen. 05 kom eens uit. Positieovername voor je. 02 heeft code oranje. Dankjewel, over en uit.'

Zijn stoel draait een halve slag. '02 moest naar het toilet,' zegt hij. 'Overal is een codewoord voor. Bij de NAVO ging het net zo.'

In de meldkamer staan computers, faxen, portofoons, bewakingsvideo's, draagbare telefoons en een politiescanner. 'Het Julianafonds is ruimhartig over de brug gekomen,' zegt Smit, die tevreden is over de apparatuur. 'Jammer alleen van het gebouw, dat had een toren moeten zijn.' Smit vertelt over de innige contacten die hij onderhoudt met agenten van het wijkbureau Lodewijk van Deyssel. 'Collegaatjes' van dat bureau hielpen hem aan emblemen en aan een soort politiepas voor de rekruten, die echter algauw ingeleverd moest worden omdat die bij het zwartrijden in de tram te voorschijn werd getrokken. Smit beschikt tevens over een politieregistratiesysteem dat op het bureau voor hem op flop werd gezet. Hij kan antecedenten van verdachte badgasten natrekken en een screening toepassen op kandidaat-JST'ers. 'In ruil voor die diensten help ik hun soms uit de brand,' zegt Smit. Hij is wel eens met zijn troepen uitgerukt om in een jachthaven, op een strandje of op een riskant schoolfeest verhitte gemoederen tot bedaren te brengen.

Smit heeft z'n manschappen verteld van de wet op de weerkorpsen en hoe je die zo ver mogelijk op kunt rekken. Zo onderricht hij de JST'ers dat fouilleren niet mag, tegelijkertijd leert hij ze dat er zoiets bestaat als psychologische pressie waardoor de verdachte zelf zijn zakken begint leeg te halen. Smit waarschuwt ze voor provocaties. 'De moderne, calculerende verdachte weet dondersgoed dat hij later op het bureau wordt heengezonden als hij van een van ons een dreun heeft gehad.'

03 laat weten dat er een bootje de Sloterplas oversteekt en de territoriale wateren van het zwembad nadert. Smit: 'Wees alert. Ze mogen niet aanmeren. Neem ze mee als ze het toch doen. Over.' Om zogenoemde glippers te bestrijden is onder Smits supervisie de grenscontrole verscherpt, onmiddellijke uitwijzing doorgevoerd en prikkeldraad rond de hekken gewikkeld. Hij wijst naar een uithoek van het bad. 'Vroeger dorst niemand daar te komen. Glippers klommen er massaal over het hek. Sinds wij er zijn, gebeurt dat nauwelijks meer. Vroeger waren de bosschages er veel hoger. Je vond er altijd lege portemonnees.' Vlak ernaast bevinden zich de kassa's. 'Daar waren de problemen niet te overzien. In de rij begonnen sommigen stampij te maken. Ruzie zoeken, spugen, uitschelden. Nu staan onze mannetjes erbij en is het veel rustiger geworden.'

Het komt voor dat een teamlid een verdachte moet inrekenen. 'Dat is leuk en leerzaam,' zegt Smit. 'Vorige week hadden ze twee zigeuners te pakken. Moesten ze ontzettend mee oppassen. Altijd dreigen, die lui. Zo van: we gaan op jullie schieten. Ze hadden niet betaald, en toen ze daarop werden aangesproken, dreigde het meteen op een knokpartij uit te lopen. Opgebracht en de politie erbij gehaald. Verder hebben we van de week nog een pedofiel gepakt. Die had twee jonge meisjes aangerand. Een te gretige kindervriend die we al een tijdje in de gaten hielden. Hij is meegenomen door de politie.'

04 maakt melding van 'flesje bier'. Smit: 'Je vertelt hem nú dat die fles weggaat. Anders moet hij van het terrein af. Glas is levensgevaarlijk.'

04: 'Dat heb ik net gezegd. Maar hij wil het flesje eerst leegdrinken.'

Smit: 'Die fles gaat nú weg. Anders hij. Wat is je positie?'

Het conflict dreigt te escaleren. De man van het flesje staat op het punt 04 te lijf te gaan. Geschreeuw van vrouw en kinderen. Uiteindelijk wordt een compromis gevonden: als de koelbox dicht blijft, mag het restje bier worden opgedronken.

Onbegrip bij het publiek is Smit wel gewend. Het gebeurt nogal eens dat een teamlid in het veld belaagd wordt door een opstandige badgast. Onlangs nog gooide iemand een JST'er in de Sloterplas. Smit: 'We worden wel eens bedreigd. Ik heb verschillende keren in de loop van een pistool gekeken. Dat zijn mensen met een kort lontje. Het uniform is voor hen een rode lap. Laatst spraken ze een meneer aan die wat vreemd over het terrein liep. Hij was zwaar beledigd dat hij zijn toegangsbewijs moest tonen en werd agressief. Er was niet meer mee om te gaan en we hebben hem verwijderd. Zulke mensen denken dat voor hen de regels niet gelden.'

'Probleemgedrag wordt vaak vertoond door mensen die stoned zijn,' vervolgt Smit, terwijl een omroepstem door het zwembad echoot dat de kleine Abdul zijn moeder kwijt is. 'Jointje in combinatie met alcohol, dat is funest. Als die mensen aangesproken worden door iemand van ons team, zeker als dat een jonger iemand is, ook nog allochtoon en ook nog eens een meisje, nou, dan krijg je heibel.' Niet alleen de badgasten, ook het zwembadpersoneel is volgens Smit moeilijk in de omgang. 'Het werk dat wij doen ligt lijnrecht tegenover de denkwijze van het zwembad. Zij willen graag klantvriendelijk zijn. Alles moet maar mogen. Het zwembad stamt uit de flowerpowertijd, er is niet over nagedacht. Controle in het kleedhokjesgedeelte is haast onmogelijk.'

Zonder te kloppen is een vrouw in bikini het moederstation binnengekomen. Ze komt voor haar zoontje Abdul. Ontstemd verwijst Smit haar naar de kassa. 'Ik hoor wel eens negatieve geluiden van het zwembadpersoneel,' vervolgt hij. 'Ze hebben moeite met dat militaire gedoe. Maar ze vergeten dat wij het werk doen dat zij lieten liggen. Er was geen toezicht. Ze hadden twintig jaar gedraaid zonder Smit, en toen kwam die en ineens was er een probleem. Dingen vielen toen pas op. Zij vonden alles maar heel normaal. Ik heb een beetje de riem aangehaald.' 05 bericht dat iemand zonder te betalen is binnengekomen. Smit: 'De zoveelste keer! Zie je nou, die caissière zit te slapen.'

'Teamleden hebben het over het algemeen erg moeilijk met zichzelf,' zegt Smit. 'Met vallen en opstaan vinden ze op een gegeven moment de juiste weg. Eenmaal omgebogen krijgen ze door hoe makkelijk die juiste weg te bewandelen is. Gaan ze links of rechts, dan is het pats! Bijvoorbeeld als ze oude vrienden tegenkomen. Ik had er vorig jaar eentje bij die verdween constant in het toilet als ik opdracht gaf tot ingrijpen. "Ik durf mijn vrienden niet te verraden," zei hij. Ik zei: "Niets mee te maken. Je gaat ze nu aanspreken." Vandaag de dag is deze discipline noodzaak. Zeker nu de militaire dienstplicht is afgeschaft.'

02 maakt melding van een vrouw die klaagt dat er om haar heen gevoetbald wordt. Smit: '02, die mevrouw kan ook een stukje opschuiven. Er wordt daar toch altijd gevoetbald. Over.' 02: 'Die jongens hebben de bril van de zuster van die mevrouw stukgemaakt. Over.' Smit: 'Dan moet er even ingegrepen worden. Signalement?'

Om van aanwas verzekerd te blijven zorgt Smit dat z'n team aanzien geniet in kringen van gespuis. Hij knikt naar een binnengekomen badgast in kickboksbroek. 'Daar heb je weer een van die aardige jongens uit Osdorp. Hij heeft een ontzettend grote bek. Als hij langs het moederstation wandelt, is hij stil.' Dat respect is een rechtstreeks gevolg van een gevecht dat Smit een jaar terug organiseerde met tachtig zware jongens uit de buurt. 'Met z'n vijven hebben we de hele bende verslagen. We moesten een daad stellen.'

Aan die krachtmeting was een bloederige schietpartij voorafgegaan. Smit: 'De dader kwam heel doelbewust binnenlopen, het pistool in een heuptasje. Op het grasveld waar nu die families liggen, pakte hij het slachtoffer bij de nek en zette hem het pistool op zijn hoofd. Twee keer overgehaald en nog twee keer in het lijf, wonder boven wonder overleefde hij. De dader stak het pistool weer in zijn buidel en liep naar de uitgang. Bij de kassa grepen we in maar hij vocht zich los en liep richting park. Hij zat helemaal onder de drugs en werd nog door een auto geschept maar strompelde verder. In het park hebben we hem opnieuw kunnen aanhouden. Het wapen droeg hij nog bij zich. Op die dag heeft het team zich bewezen.'

Behalve het militarisme hanteert Smit ook pedagogische beginselen om zijn kweek te transformeren. Problemen thuis moeten uit de weg worden geruimd, ouders moeten meeveranderen. 'Eigenlijk beledig je de vader door hem op het werk van zijn zoon te laten komen. Toch is het de enige manier om ze andere inzichten bij te brengen. Die mensen hebben een enorme cultuurschok te verwerken. Komen ergens boven uit de bergen, en zien dan een minirok, en hier in het zwembad een badpak. En als ze vanaf hier dan naar dat eilandje in de Sloterplas kijken, zien ze zelfs dat badpak niet meer.'

Smit doelt op het naakteiland, dat met een krakkemikkige loopbrug in verbinding staat met het Sloterparkbad. Het is een broeinest van incidenten. Badgasten willen er ondanks zware verboden nog wel eens een kijkje gaan nemen. Lik op stuk krijgen ze van Smit. Onder luid applaus van de naturisten gaat dan onherroepelijk de broek van de kont. 'Het is voor ons ook gênant om daar te komen. Alleen als het echt moet, doen we het. Zoals laatst. Een Irakees lag de hele middag al naar de dames te kijken. Ik wilde de broek van zijn kont zien. Draaide uit op knokken. Hij is afgevoerd met een gebroken neus.'

Smit heeft liever tien verhitte voyeurs tegenover zich dan één kwaaie visser. Het ondiepe water van de Sloterplas is snel verwarmd en dat doet de karpers enorm uitschieten. Het visverbod waar het JST op toeziet wordt dan ook regelmatig geschonden. Conflicten tussen hengelaars en het team liepen hoog op. Smit: 'Vissers zijn snel geneigd tot gewelddadigheden. Ze hebben een katapult bij zich om lokvoerballen de diepte in te schieten. Maar als je een steentje erin doet is zo'n ding net zo gevaarlijk als een pistool. We snapten wel eens een visser met stalen kogels in het elastiek. Het staat in de vergunning dat ze hier niet mogen vissen. Niet voor niets. Het lijntje breekt en de haak blijft achter in het zand. Vroeg of laat heeft iemand het in zijn voet.'

Bij de kassa dringen mensen naar buiten. De JST'ers verzamelen zich in het moederstation voor een evaluatie. Een incidentarme dag, Smit is tevreden. Uniformen gaan aan de knaapjes, portofoons worden ingeleverd. Smit vergrendelt het moederstation. Het zwembadwater is tot rust gekomen.

Een taalbuddy voor de imam

Na voltooiing van de imamopleiding gaf Abdurahim Ar (34) aan dat zijn voorkeur uitging naar het buitenland. Diyanet Isleri Baskanligi, een Turkse staatsinstelling die belast is met de uitzending van imams, hanteert een lotingsysteem waarvan de uitslag even onvermijdelijk als willekeurig is. Abdurahim Ar had in Las Vegas terecht kunnen komen, in Melbourne of in Moskou. Het werd Veendam.

Hij schafte zich een gedetailleerde kaart aan om de exacte locatie te kunnen bepalen. Een neef, die enkele jaren geleden eveneens als imam werd uitgezonden, was in het Veluwse Epe terechtgekomen. Hij was in de auto gestapt en naar het hoge noorden gereden. De neef meldde dat het ging om een klein plaatsje in een achterland dat te vergelijken viel met het oosten van Turkije: weinig werkgelegenheid en nogal wat vergrijzing. Zo'n vijftienhonderd Turken woonden er, van wie de pioniers begin jaren zeventig – twee fabrieken boden werkgelegenheid – waren aangekomen. Eerst hadden ze in barakken gewoond. Toen bleek dat ze niet naar het geboorteland zouden terugkeren, bracht de gemeente ze onder in de wijken Noord en Sorghvliet waar de meesten van hen nog altijd wonen.

Intussen doorliep Abdurahim Ar, samen met andere

naar Nederland uit te zenden imams, een introductiecursus over dat kleine land aan de Noordzee. Hij vernam dat Nederland een van de weinige landen in Europa is waar je vrijwel altijd steun krijgt van de staat. Ook het Hollandse standpunt ten aanzien van euthanasie en het homohuwelijk werd uit de doeken gedaan. De imams in spe werden gewaarschuwd koffiehuizen niet te verwarren met coffeeshops. Met wat schamel bezit kwam Abdurahim Ar vorig jaar juni in Veendam aan. Hij betrok het naast de moskee gelegen huis van zijn voorganger die na het verstrijken van de vierjarige termijn naar Turkije was teruggeroepen.

Het viel Abdurahim Ar op dat de gemeente Veendam veel belangstelling voor hem en zijn gemeenschap aan de dag legde. Er bleek zelfs een speciaal op de Turkse gemeenschap gericht project gaande te zijn. Daarbij namen autochtone Veendammers op basis van vrijwilligheid een Turkse plaatsgenoot op sleeptouw om die zo de Nederlandse taal beter bij te brengen. Het 'taalbuddyproject' was het in de volksmond gaan heten.

De eerste ronde van het project dat in januari 2001 van start ging, was niet meteen een succes. Ondanks een onderzoek dat aantoonde dat veel eerste-generatie-Turken het Nederlands beter wilden leren spreken, waren er slechts zestien Turken die zich aanmeldden. Jantien Landman, de coördinator van het project, moest een aantal van deze Turkse geïnteresseerden nog teleurstellen omdat er ondanks oproepen in lokale media vanuit de autochtone Veendamse gemeenschap slechts een respons van acht was gekomen. Maar met de acht koppels, merendeels vrouwen, was het heel goed gegaan. Ze waren samen boodschappen gaan doen, hadden koffiegedronken bij de HEMA en waren over en weer aan het koken geslagen. Volop was er daarbij geconverseerd in het Nederlands, waarbij de Veendammers de Turken zoveel mogelijk corrigeerden. Behalve het bijschaven van de taal, blijkt uit de eerste evaluatie, was het de bedoeling de deelnemers 'een stuk zelfvertrouwen' te laten opbouwen opdat ze zich minder zouden 'opsluiten in hun eigen Turkse groep'.

Toen Abdurahim Ar vernam dat het project in oktober een herstart zou beleven, meldde hij zich direct aan. Voor die tweede ronde werden tevens zes nieuwe Turkse vrouwen aan zes nieuwe Veendamse vrouwen gekoppeld. Aanvankelijk ontfermden zich twee autochtone mannen over de imam, voor wie speciale belangstelling bestond: Jan Hidding, een Veendams schoolhoofd in ruste, en Koos van Midwoud, een gerespecteerd lid van de Lions die na de zware aardbeving in 1999 in het noordwesten van Turkije belangstelling had ontwikkeld voor die gemeenschap in Veendam. De dubbele begeleiding bracht de imam in verwarring, waarop Jantien Landman bepaalde dat Hidding, gezien de ervaringen die hij als schoolhoofd met de Turkse gemeenschap had opgedaan, alleen met de imam zou doorgaan. Van Midwoud zou 'één-op-één' verdergaan met een late aanmelder: een zekere heer Atabas die al dertig jaar in Veendam woonde. Tot aan de ramadan – de imam kreeg het toen te druk met religiositeiten – zocht Hidding hem elke woensdagavond op in het koffiehuis.

Veendam, woensdagochtend negen uur. Jan Hidding is in de auto op weg naar de moskee waar hij de imam zal oppikken. 'Vandaag laat ik hem nader kennismaken met het Nederlandse onderwijs,' zegt Hidding. 'Het werkt niet als we alleen maar bij hem in dat gebouw zitten. De gesprekken blijven dan beperkt.' Hij kondigt aan dat hij de imam de komende weken wil meenemen naar de Albert Heijn, naar het Veenkoloniaal museum en naar het gemeentehuis. 'De bedoeling is dat hij beide leert kennen. Niet alleen de taal, ook de Veendammer samenleving.' Tijdens de gesprekken op de woensdagavond was de imam vooral ingegaan op taalkwesties. 'Dan is hij naar Nederlandse les geweest en vraagt hij: waarom hebben jullie twee soorten lidwoorden? Dat is die gezagsgetrouwheid, dat hij dat precies wil weten. Ik zeg dan: dat is niet interessant voor jou. Het is interessant dat jij begrijpt wat Nederlanders tegen je zeggen. En dat je in het Nederlands iets terug kunt zeggen. Of je "de" of "het" gebruikt, dat vindt die Nederlander geen enkel probleem.'

De auto houdt stil op het plaatsje voor koffiehuis Türk Der. Binnen is een Turkse man aan het stofzuigen. Amicaal slaat Hidding hem op de schouder. De imam komt binnen. Hidding schudt hem de hand en klopt hem op de rug. 'We gaan er een mooi dagje van maken,' zegt hij. De imam kijkt niet-begrijpend, Hidding herhaalt de zin. Wat later parkeert de auto op het plein van de school waar Hidding tot aan zijn pensionering werkzaam was. Er volgt een rondgang door de school. We houden halt voor een landkaart waar zowel Nederland als Turkije op staat. 'Het gebied waar wij nu zijn is er nog maar kort,' zegt Hidding. 'In 1400 was het nog moeras. Als je hier rondliep, zakte je weg.'

Een Turkse leraar die als tolk fungeert, zegt dat de imam wil weten of het klimaat in heel Nederland hetzelfde is. Hidding: 'Wij wonen hier in het noorden. Als je in het voorjaar, zeg april, in zuidelijke richting rijdt, staat hier alles nog in de knop, terwijl zuidwaarts de bloemen bloeien.' Dan wil de imam weten waarom Nederlanders in geval van rampen zo gul zijn met donaties. 'Ik denk dat dat bepaald wordt door onze geschiedenis,' zegt Hidding na enig nadenken. 'Nederland is erg beïnvloed door het christelijk geloof. Echter, de grote humanisten komen ook uit Nederland. Daardoor heeft zich hier een liberaal klimaat ontwikkeld.' Hij pauzeert omwille van de tolk. 'Er is begrip voor mensen met andere opvattingen.'

Hidding betoogt dat je binnen het christendom net als binnen de islam twee richtingen hebt. 'Een richting waarbij begrip is en liefde voor anderen en een die zo fanatiek op het geloof is gericht dat er voor andere ideeën totaal geen ruimte meer is. Ga maar eens kijken in bijvoorbeeld Staphorst. Je hebt hier een partij, de SGP, die geen enkele vrouw tolereert binnen haar vertegenwoordigende gelederen. Bepaalde passages in de bijbel leggen zij maar op één manier uit. Bijvoorbeeld dat de vrouw zich dient te schikken naar de man. Die humanistische beweging heeft daar al heel vroeg de vinger op gelegd. Iedereen heeft gelijke rechten, of je gelooft of niet.'

Wat later, in het kamertje van de hoofdmeester. 'Jullie vergaderen veel,' zegt de imam. 'Dat komt natuurlijk omdat jullie heel veel krijgen. Heel veel post. Dat krijgt een school in Turkije niet.' Op weg naar de uitgang passeren we de nieuwe kapstokkenruimte. 'Veel jassen kunnen hier hangen,' zegt Hidding. 'Goede ventilatie voor de jassen. Als ze nat zijn, worden ze gedroogd.' 'Kinderen zijn de bloemen van het paradijs,' zegt de imam. Hidding rijdt hem terug naar de moskee. 'Tot vanavond zeven uur.'

Bij Hidding thuis. 'Als je bedenkt hoe lang het duurde voordat wij hier tot onze inzichten kwamen. Hoeveel filosofen zijn er niet aan te pas gekomen? In Turkije heeft die ontwikkeling jaren en jaren stilgestaan. Pas na Atatürk is het op gang gekomen. Zoiets gaat niet van vandaag op morgen, dat mag je niet verwachten. En hebben wij vroeger niet hetzelfde gedaan met onze missionarissen en zendelingen? Nee, natuurlijk zeg ik dat niet tegen hem. Nogmaals, je moet die mensen in hun waarde laten. Je moet ze de ruimte geven om het op hun eigen manier te interpreteren en uit te voeren. Geloof me, hij heeft vanochtend heel veel aantekeningen gemaakt. Die gaat hij gebruiken. Je moet bedenken dat deze mensen uit een totaal andere cultuur komen, dat ze de ene cultuurschok na de andere beleven. Dat ze ook hier in Veendam al die jaren zo geïsoleerd zijn geraakt, ligt niet alleen aan henzelf. Al verschillende keren hebben ze ten tijde van een Suikerfeest in Türk Der en de moskee open huis gehouden. Als je dan ziet hoe weinig Veendammers gebruikmaken van die gastvrijheid.' Na een tijdje: 'Vergis je niet, ze zijn best heel goochem. Wat hierheen trekt zijn initiatiefrijke lui.'

Tot nog toe zijn de gesprekken met de imam zonder

stekeligheden verlopen. Hidding: 'Wat is hij ermee geholpen als ik kritische opmerkingen maak? Ik zal hem niet kunnen omtoveren, die illusie heb ik helemaal niet. Zelf zou ik het anders doen, ja. Maar het zijn altijd krachten van binnenuit die veranderingen moeten bewerkstelligen. Maar als die mensen hier zijn en zien hoe je ook met mekaar kunt omgaan... Kijk, we hebben hier met een intellectueel te maken. Hij gaat straks functioneren binnen deze Veendammer gemeenschap. Hij zal met al die zaken worden geconfronteerd: euthanasie, coffeeshops, homohuwelijk. Hij kan het afwijzen. Maar het kan ook zijn, want hij is nieuwsgierig, dat hij naar mij toekomt en er iets van weten wil. Dan zal ik mijn visie moeten geven. Dan zal ik ook zeggen dat dat mijn visie is. Dan zal ik hem uitleggen wat de achtergronden zijn van de euthanasiewetgeving, dan zal ik hem zeggen waarom coffeeshops in Nederland gedoogd worden. Die vragen zullen ongetwijfeld komen.'

Zeven uur. In het koffiehuis zit een grote groep Turkse jongeren de wedstrijd Galatasaray-Denizli te bekijken. De imam zit achterin aan een tafel. Met naast hem Koos van Midwoud! De tolk denkt dat er sprake is van een misverstand.

'U was er vorige week woensdag niet,' zegt de tolk tegen Hidding.

'Dat klopt, mijn moeder werd 86,' zegt Hidding.

'Ik was er die avond wel,' zegt Van Midwoud.

'Ik dacht dat jij Atabas zou nemen,' zegt Hidding.

'Atabas was er niet en de imam wel,' zegt Van Midwoud. Hij voegt eraan toe dat hij ook liever de imam begeleidt omdat Atabas al dertig jaar in Nederland is en bovendien met de gedachte speelt uit het project te stappen. Hidding zegt het te zullen aankaarten bij de eerstvolgende evaluatie van het project. Hij wendt zich tot de imam. 'Heb je het leuk gevonden vanochtend?'

'Ja,' zegt de imam.

'Jij hebt aantekeningen gemaakt,' vervolgt Hidding, 'wat ga je met die aantekeningen doen?'

'Als je de kinderen goed plant, oogst je er later van,' zegt de imam door de mond van de tolk. In december heeft de imam zijn gezin laten overkomen. Hidding vraagt of het huis inmiddels op orde is. De imam knikt.

'Mooi, dan hebben we tijd om erop uit te gaan. Naar het Veenkoloniaal museum, de Albert Heijn en het gemeentehuis.'

Nieuwkomers op schoolkamp

Maandagochtend. Voor het sombere schoolgebouw van het Nova-college aan de Jan Evertsenstraat in Amsterdam-West komt een dubbeldekker van Bovo Tours in beweging. Hoewel geen ouder ons uitzwaait drukt de chauffeur eens stevig op de claxon. Op de stoep blijft een potige conciërge achter. Hij heeft een Marokkaanse jongen uit een hogere klas in de houdgreep, telkens probeerde die de bus in te glippen. De leerlingen vegen condens van de ruiten als we onbekende buitenwijken doorkruisen. Eenmaal de stad uit staren ze verwonderd naar het drukke snelwegverkeer en de hoge kantoorbebouwing.

'Sommigen gaan voor het eerst Amsterdam uit,' zegt meester Glastra van Loon voor in de bus. 'In een vorige groep zaten kinderen die nog nooit de zee hadden gezien. Toen we in Zeeland op een duin waren geklommen stonden zij als aan de grond genageld.' De chauffeur klaagt over het gebrek aan discipline bij het inladen van de bagage. Hij had de koffers, rugzakken, trolleys en plastic zakken die na een ware bestorming van z'n voertuig de bagageruimte in waren gesmeten weer naar buiten gewerkt. Toen het met beleid was ingeladen stond er nog heel wat op straat. Onder meer het bingoapparaat, een voorraad voedsel, wat pionnen en het buigzame materiaal waarvan donderdag vliegers worden gemaakt. Dat moest dan maar in het toilet en op de achterbanken.

Het is de negende keer dat Glastra van Loon, tevens drijvende kracht achter de schoolkrant, op de vmbo-afdeling van het Nova-college speciaal voor zogenoemde nieuwkomers een schoolkamp organiseert. Nieuwkomers zijn kinderen die met hun ouders, een familielid of in hun eentje om uiteenlopende redenen naar Nederland zijn gekomen. Ze zitten in de asielprocedure, zijn illegaal of komen in het kader van gezinshereniging. Allemaal hebben ze recht op onderwijs. Vanwege het gebrekkige Nederlands dat ze spreken, wordt het merendeel van de nieuwkomers in de leeftijd van twaalf tot zestien jaar tot het vmbo veroordeeld. Voordat ze echt dat vmbo op mogen, worden ze ondergebracht in aparte nieuwkomersklassen.

'Ik vind het belangrijk dat deze kinderen ook op kamp kunnen,' zegt Glastra van Loon. 'Het is een uitstekende manier om met de Nederlandse cultuur vertrouwd te raken.' Het is wel eens een keer mis gegaan – een vechtpartij tussen Afghanen en Irakezen – maar meestal verloopt de operatie gesmeerd. 'Nieuwkomers zijn veel gemotiveerder dan doorsnee vmbo-klanten,' aldus Glastra van Loon. Voor die schavuiten organiseren scholen in de grote steden helemaal geen schoolkamp meer. Glastra van Loon heeft één keer zo'n gewoon vmbo-kamp bijgewoond. 'We mochten mee met een garnalenvisser, reuze interessant. Veel van die etters zaten alleen maar peukjes te roken in het ruim. Bij deze kinderen is dat anders.'

Dit jaar heeft Glastra van Loon er 56 in de bus zitten. Dertien Marokkanen, vijf Afghanen, vier Ecuadorianen, vier Ghanezen, drie Angolezen, drie Colombianen, drie Bosniërs, drie Russen, twee Soedanezen, twee Thai, twee Turken, een Koerdische Irakees, een Nigeriaan, een Venezolaan, een Boliviaan, een Litouwer, een Mongool, een Frans-Guyanees, een Egyptenaar, een Braziliaan, een Burundiaan en een Dominicaan. De meesten zijn nog geen jaar in Nederland. Sommigen komen uit barre oorlogsgebieden, bij anderen liggen familiedrama's of economische motieven aan de komst naar Nederland ten grondslag. 'De taal maken de meesten zich wonderbaarlijk snel eigen,' zegt Glastra van Loon. Zeden en gewoonten zijn minder eenvoudig aan te leren. Het kamp is een probaat middel in die strijd.

Elk jaar is het weer een hele onderneming. 'Al aan het begin van het schooljaar probeer ik de ouders ervan te overtuigen hoe belangrijk zo'n kamp is,' zegt Glastra van Loon. Op ouderavonden laat hij vrolijke foto's zien en vertelt dat het eten *halal* is. 'Als geld een probleem is, bestaat de mogelijkheid om in termijnen te betalen.' Dankzij subsidies uit allerlei multiculturele potjes kost het kamp iedere leerling slechts 65 euro. 'Voor dat bedrag krijgen ze vijf dagen onderdak en eten en maken ze op uiteenlopende wijze kennis met ons land.' Dit jaar verblijft de groep in Huize De Boterbloem, een kampement op het terrein van recreatieoord Klaverweide in Ellemeet, een gehucht in de buurt van Renesse. Het complex is eigendom van de familie Elenbaas, een ruimdenkend Zeeuws echtpaar.

Glastra van Loon heeft een straf programma en een

duidelijk kook- en corveerooster opgesteld. Elke ochtend opstaan om halfacht. Na het ontbijt volgt de dagelijkse activiteit. Na het avondmaal wordt een uur lang in dagboekjes geschreven. Daarna is er opnieuw iets gemeenschappelijks, en om elf uur gaan de lichten uit. Vanavond staat bingo op het programma. Fietstochten en museumbezoekjes staan gepland voor morgen en overmorgen. Woensdagavond heeft een dierengeluidenspel plaats. Donderdag is het vliegeren, sporten en bonte avond. Vrijdag gaan we weer naar huis. De 56 kinderen trekken op in zeven mentorgroepen. Behalve Glastra van Loon zijn nog acht andere onderwijzers aanwezig, waaronder een gymleraar, een kookjuf en een handenarbeidjuf.

Net als voorgaande jaren zijn er weinig meisjes mee. Twintig, tegenover 36 jongens. Dat heeft te maken met de weigerachtige houding van vooral islamitische ouders. Vanochtend nog zag Glastra van Loon zich geconfronteerd met een afzegging: de ouders van de Indiase Hardeep durfden haar toch niet te laten gaan. Juf Dros, uit wiens klas het meisje afkomstig is, heeft er de smoor over in. Ze belde de afgelopen maanden veel met de ouders die aanvankelijk instemden. 'Islamitische jongens mogen wel mee, dat is toch oneerlijk,' zegt Dros. 'Deze meisjes moeten zich zien te redden in een nieuw land met een eigen cultuur. Op seksueel gebied worden ze thuis van de domme gehouden terwijl ze er wel mee te maken krijgen.'

Er zijn dit jaar slechts twee islamitische meisjes mee: Hala uit Soedan en Iwa uit Afghanistan. In het geval van Iwa (16), die in Herat woonde en door de Taliban met een zweep op de rug is geslagen, is dat de verdienste van juf Bauer. 'Bij Marokkaanse ouders hoef je het niet eens te proberen,' legt zij uit. 'Afghanen zijn over het algemeen wat milder.' In de loop van het schooljaar begon Bauer druk uit te oefenen op het Afghaanse gezin. De vader van Iwa werkt bij doe-het-zelfzaak Praxis in Amsterdam-West, waar de juf hem opzocht. 'Dat was met kerst, ik kocht toen een boom en had een goed gesprek met hem.' Uiteindelijk stemde de vader van Iwa toe, met als voorwaarde dat ook haar broer mee zou gaan. Die broer zei vorige week plotseling af. 'Ze wisten dat ze niet meer terug konden maar ze zijn toch erg argwanend,' zegt Bauer. Glastra van Loon benadrukt dat het van groot belang is dat het kamp fatsoenlijk verloopt. 'Geen alcohol of drugs en zeker geen jongens op de meisjeskamers.' Hij heeft Huize De Boterbloem zo ingericht dat de jongens de meisjeskamers minder makkelijk kunnen bereiken, de docentenvertrekken zijn er als een soort controlepost tussenin geplaatst.

Ook een punt van zorg is de aanwezigheid van enkele lastige leerlingen. Onder meer is de op het schoolplein beruchte Okidio mee, een AMA uit Angola. Okidio (14) komt uit Virei, een door de eeuwige oorlog in zijn land verscheurde stad. 'Mijn ouders zeiden dat ik thuis op ze moest wachten,' vertelt hij. 'Ze zijn nooit meer teruggekomen, doodgeschoten. Met hulp van mijn broer ben ik naar Nederland gekomen, ik weet niet wat ik hier moet.' Okidio werd ondergebracht in Amerbos, een huis voor AMA's dat binnenkort de deuren sluit. Bedoeling is dat een pleeggezin zich over de weesjongen gaat ontfermen maar die zijn in Amsterdam nauwelijks voorhanden. Okidio zal naar Haarlem of Hoofddorp moeten verhuizen en kan de school vaarwel zeggen. Enkele weken geleden werd hij neergestoken na een zelfuitgelokte ruzie op het Mercatorplein. 'Ik ben op kamp gegaan vanwege de meisjes,' zegt hij, 'aan de activiteiten heb ik schijt.' Glastra van Loon heeft hem een contract laten ondertekenen. 'Als hij zich misdraagt zet ik hem zonder pardon op de trein.' Glastra van Loon paste deze rigoureuze sanctie al eerder toe.

De eerste stop is Madurodam. Meester Van Weel begeeft zich met Augustine (13) naar de Edammer kaasmarkt in het klein. Augustine, een Nigeriaan, is ruim een jaar in Nederland. Hij groeide op in Benin City en zat daar in een jeugdbende. Aan één oor is hij doof, wat volgens Van Weel te maken heeft met de diverse matpartijen waarbij Augustine betrokken was. 'Ik weet niet door wie hij daar allemaal afgerost is maar die jongen is werkelijk voor niemand bang. In de pauze staat hij ruzie te maken met achttienjarige Marokkanen, niemand durft hem wat te doen.' Van Weel wijst Augustine op een gebouw met daarop het logo van Randstad. 'Als jij na school geen werk kunt vinden ga je daar heen.' 'Meester, meester,' roept Benaja uit Frans-Guyana. Hij staat naast de miniatuurversie van het hoofdkantoor van de ING Bank in de Amsterdamsche Poort. 'Daar maakt mijn moeder schoon.' Kenneth uit Soedan wijst op Schiphol. 'Daar ben ik geweest, meester.'

Bij het Binnenhof spreekt juf Nieulant Pelkman haar mentorgroep toe. 'Daar bevindt zich ons parlement,' legt ze uit. 'En zie je die koets, daar zit de ko-

ningin in. Die soldaten staan er vanwege prinsjesdag.'
Wat verderop komt juf Dros te voorschijn uit een
expositieruimte. 'Ik wist niet dat er een World Press
Photo-expositie was,' zegt ze. Ze acht zoiets minder
geschikt en is weer naar buiten gegaan. 'Vorig jaar
werden er bruidsjurken van het koninklijk huis ten-
toongesteld, dat was passender.' Juan uit Colombia
komt aangelopen. Hij is van de Erasmusbrug gevallen
en is doorweekt tot aan zijn heupen. De Marokkaan
Adil en de Turk Husseyin, een analfabeet vrienden-
koppel, houden zich wat afzijdig. Als niemand kijkt
koopt Adil twee biertjes. Snel klokken ze de flesjes achterover.

Twee uur later arriveren we te Ellemeet. Op aanwijzingen van Glastra van Loon worden de slaapzalen van de
donkerrood gelakte barakken betrokken. Mevrouw
Elenbaas komt binnen met een grote stapel kussenslo-
pen. 'Wat een wildebrassen zijn het weer,' zegt ze. Als
het droog is trekken we eropuit voor een strandwande-
ling. In zwabberende ganzenpas steken we het terrein
over, gadegeslagen door een gezelschap Duitse zwakzinnigen dat in een naastgelegen paviljoen verblijft.
Over de zee lijkt niemand verbaasd. Enkele kinderen
duiken ondanks het slechte weer en tegenwerpingen
van hun mentoren de schuimende golven in. Als we
terugkeren is Erden (13), een AMA die samen met haar
zusje uit Mongolië vluchtte, haar schoenen kwijt.
'Toen ik vertrok wist ik niet dat Nederland bestond,'
zegt ze terwijl ze op blote voeten de terugtocht aan-
vaardt. Ze woont in Amsterdam in een opvanghuis en
soms in een pleeggezin. Ze zegt geen ouders meer te

hebben. 'Over waarom ik gegaan ben praat ik met niemand.'

In de eetzaal bezet elk van de zeven mentorgroepen een keurig gedekte tafel. Aan de kop ervan ziet de mentor toe op eerlijke verdeling van het voedsel. Macaroni met gehaktsaus en salade wordt opgediend, vanillevla na. Okidio, het neergestoken Angolese weeskind, blieft het niet. Zonder dat juf Dros het merkt loopt hij met z'n bord naar de keuken. 'Je eet wat de pot schaft,' zegt kookjuf Renske Feenstra, die wat later toch een boterham met chocoladepasta voor hem smeert. Na het eten deelt Glastra van Loon schriftjes uit waarin de kinderen hun dagelijkse ervaringen moeten noteren. Wie aan het eind van de week het mooiste schriftje inlevert krijgt een prijs. Dan is het tijd voor bingo. Meester Turlot bedient het apparaat en als na een halfuur de eerste bingo is gevallen roept iedereen 'bingo'. Ajaz, een Koerdische Irakees, pleegt bedrog. '63 is allang gevallen,' zegt hij tegen juf Dros die dat in de gauwigheid niet gecontroleerd krijgt. Hij streept het getal door, rent naar voren en keert terug met een koptelefoon. Vanaf alle tafels stormen kinderen plotseling met volle bingokaarten naar voren. 'Ga gewoon,' roept de Colombiaan Carlos tegen de Bosniër Midhat. Gymnastiekmeester Van Haitsma moet eraan te pas komen om het podium met de prijzentafel te ontruimen.

Het in bed krijgen van de kinderen blijkt een helse klus. Als de meesters hen de kamers in hebben gedreven blijven er deuren openvliegen en trachten jongens in trainingspakken het meisjesdeel te bereiken. De een wil nog een sigaret, de ander eist een pakje kaarten.

Tegen enen is het stil. Vermoeid scharen de meesters en juffen zich in de eetzaal rond een tafel voor de evaluatie en een borrel. Meester Turlot komt terug van z'n wachtronde. Hij heeft onder meer een keyboard in beslag genomen. 'Bij Mariana in de kamer heb ik het licht aan moeten laten,' zegt hij. 'Egyptenaren kunnen niet slapen in het donker.'

Dinsdag. Om zes uur gaan de eerste radio's aan. Gedreun van dichtslaande deuren, gegil, stampende voeten. 'Veel van de meegekomen kinderen worden op een vroeg tijdstip wakker omdat zij vóór school werk verrichten,' zegt juf Bauer aan het ontbijt. Ze vertelt van het illegale Venezolaanse meisje Deborah dat elke ochtend schoonmaakt en honden uitlaat in Amstelveen. Er is ook een meisje, ze is niet mee op kamp, waarvan de school weet dat ze in de prostitutie zit. 'Die komt elke ochtend doodvermoeid maar wel met dure kleren de klas binnen,' zegt Bauer. Volgens haar worden met dit meisje inmiddels 'gesprekken' gevoerd.

Buiten stormt het. 'We gaan gewoon fietsen,' zegt Glastra van Loon. De ene helft rijdt 'het Boerenrondje', waarbij de Plompetoren, Slot Haamstede en het schoolmuseum bezocht worden. De andere helft fietst de dertig kilometer lange Zierikzeeroute. Bij het uitdelen van de fietsen is het een drukte van belang. De kinderen die niet kunnen fietsen gaan achter op een tandem. Bij de groep van meester Van Haitsma en meester Van Weel, die de Zierikzeeroute rijden, valt alleen Augustine dat lot ten deel.

Op het vlakke Zeeuwse land buiten Ellemeet buldert

de storm op volle kracht. Windmolens draaien bezeten in het rond. Van Haitsma en Van Weel ploegen manhaftig voort, de jongens weten aardig mee te komen. Achterin zit ik, voor de gelegenheid gepromoveerd tot meester, opgescheept met Yunissa uit de Dominicaanse Republiek, met Aisha uit Burundi en met Philis uit Ghana. Er kleeft zand in hun haren, bij elke windstoot zwiepen ze de drukke verkeersweg over. Op de Elkerzeeseweg stappen ze af. De stompe toren van Zierikzee gloort aan de einder. 'Ik wil niet meer, meester,' zegt Yunissa. 'Ik wil mijn geld terug,' zegt Philis. 'Ik dacht dat we op vakantie gingen, lekker eten en slapen.' 'In Burundi waait het niet zo,' zegt Aisha. Ze vinden dat het land naar poep stinkt. Om beurten sleep ik ze voort, tot we na meer dan een uur ter hoogte van Schuddebeurs een beschut grasveldje bereiken waar de rest van de groep op ons wacht.

Van Weel wijst de verkleumde kinderen op gewassen. 'Weet je wat dat is, Nikita? Een ui, heel goed.' We stappen weer op. Achter op de tandem zit Augustine te rillen in niets meer dan een trainingsjack. 'Dat ze zo'n jongen in Nigeria niet leren fietsen,' zegt Van Weel, 'ik begrijp dat soort ouders niet.' Na ruim een uur, waarin de docenten de leerlingen boven de storm uit wijzen op koeien, schapen en het land dat in 1953 helemaal onder water liep, bereiken we Zierikzee. De kinderen worden het maritiem museum ingestuurd, dat gehuisvest is in een oude gevangenis en waar scheepsmodellen zijn te zien.

Juan uit Colombia vertelt dat hij z'n makker Gorge erg mist. In december werd Gorge, die illegaal in Nederland verbleef, in alle vroegte met z'n vader van het bed gelicht. Binnen een aantal weken moesten ze het land verlaten. 'Gorge is nog gewoon naar school geweest en heeft nog geleerd voor z'n toetsen,' zegt Juan. 'Z'n boeken staan nog in de kast.' Volgens meester Van Weel komen dit soort plotselinge verdwijningen in nieuwkomersklassen vaak voor. 'Het blijft absurd, wat moet iemand die teruggestuurd is in godsnaam met 't Kofschip?'

Ook uit de klas van Glastra van Loon verdwijnen soms kinderen. 'Ik herinner mij een uitgeprocedeerde Angolese jongen die mij belde vanaf de Afsluitdijk,' zegt hij. 'Ze reden hem naar het verwijdercentrum in Ter Apel.' De klas wilde afscheid van hem nemen, dat bleek niet mogelijk. Regelmatig maakt Glastra van Loon mee dat kinderen besluiten niet meer naar school te gaan en in de illegaliteit verdwijnen. Op een keer was hij op vakantie in Marmaris, een stad in het zuiden van Turkije, toen hij daar een ex-leerling tegenkwam. 'Hij moest daar Nederlandse toeristen een restaurant in lokken.' In de groep die dit jaar in Ellemeet verblijft zijn ook kinderen die het land moeten verlaten. Merima, een struise blonde Bosnische, is uitgeprocedeerd en moet na dit schooljaar, tot afschuw van haar vriendinnen, haar biezen pakken.

Woensdag rijdt de groep van juf Bauer naar Zierikzee. Deborah blijft achter. 'Ze weegt bijna honderd kilo en is geen begenadigd fietser,' zegt Bauer. 'Ik ga niet weer met haar achter op de tandem door de storm ploegen.' Maar vandaag waait het niet meer zo hard. We passeren een boerenerf waar een herdershond losbreekt. De drie Marokkaanse jongens demarreren. 'In Thailand aten we hond,' zegt Amnat (13). Hij woonde met zijn ouders in een dorpje in het noordoosten van Thailand toen zijn vader er op een dag om onduidelijke redenen vandoor ging en nooit meer terugkwam. Amnats moeder wachtte niet af, reisde naar het zuiden van Thailand en vond een Nederlandse man die in Slotervaart woont. Anya uit Moskou maakte ongeveer hetzelfde mee.

Tot grote schrik van Maria (13) uit Angola verjaagt een boer met harde schoten kraaien boven zijn pas gezaaide veld. Achter een bakje patat in een Zierikzees eetcafé vertelt Maria dat haar ouders op een dag verdwenen waren. 'Ik werd naar mijn opa gebracht. Toen kwam er een meneer die mij meenam naar het vliegveld. Mijn opa kende hem niet. Het vliegtuig bracht mij naar Nederland. Mijn moeder woont in de Bijlmer.' In Angola ging ze nauwelijks naar school. 'Er kwamen soldaten en bommen en dan was het dicht.' Nu zit ze in het analfabetenklasje van juf Slot. Ze krijgen les in een lokaal waar alle voorwerpen van een briefje met de naam van dat voorwerp zijn voorzien. Net als de meeste andere kinderen wil Maria advocaat of dokter worden.

Terug in Ellemeet. De meesters Van Weel en Van Haitsma krijgen een uitbrander van Glastra van Loon. Ze zijn met hun groep aardbeien wezen plukken en niet naar het schoolmuseum in Burgh geweest. 'Er is een vrouw speciaal gekomen om te vertellen hoe er voor de oorlog lesgegeven werd. Die heeft er dus voor niks gezeten.' De twee morren wat en begeven zich na het eten naar een bosgebiedje in de buurt om het dierengeluidenspel voor te bereiden.

Net als zijn collega's heeft Van Weel bewust gekozen voor het onderwijs aan nieuwkomers. 'Ik ben opgevoed met de gedachte dat wij het hier erg goed hebben en dat we anderen moeten helpen. Daar hoort van hun kant wel een stukje aanpassing bij.' Nieuwkomers zijn daar volgens hem toe bereid. 'Deze kinderen doen alles voor je. Ze huilen als de grote vakantie begint.' Bij dit soort kinderen strekt de verantwoordelijkheid van een leraar veel verder dan alleen het onderrichten van Nederlands, ook al zijn ze daar niet voor opgeleid. 'Wij moeten onze leerlingen helpen met hun nieuwe leven. Het zijn complexe gevallen met allerlei stoornissen. Soms zie ik zo'n kind en denk ik: ik had jou een goede opvoeding kunnen geven, dan zat je nu niet op deze school. Met veel van deze kinderen komt het niet meer goed, dat zie je nu al.' De betrokkenheid van de docenten is soms zo groot dat ze leerlingen in huis nemen. Juf Brummelhuis, tevens adjunct-directeur van de nieuwkomersafdeling, had op zeker moment vijf ontsporende Koerdische AMA's bij zich wonen.

Na het dierengeluidenspel verdwijnen de kinderen voor de nacht in hun kamers. Net als het stil is wordt Huize De Boterbloem opgeschrikt door een ijselijke gil. Juf Nieulant Pelkman snelt naar de kamer van de Marokkaan Mouhssine en de Ecuadoriaan Paulo, die overdag strakke truitjes en een hoofdband draagt. Mouhssine zegt dat hij geen minuut langer bij 'die homo' op de kamer wil. Paulo, die er inderdaad openlijk voor uitkomt dat hij op jongens valt, schijnt elke avond naakt door de kamer te paraderen en zo in zijn bed te stappen.

De volgende dag maken we vliegers die in de middag worden opgelaten. Meester Van Haitsma gebruikt daarna de pionnen voor een estafette. 's Avonds is het bonte avond. Eerst worden er prijzen uitgedeeld: voor het mooiste schriftje en de mooiste vlieger. Meester Van Weel doet een act die vooral Iwa, Hala en de moslimjongens nog lang zal heugen. Hij verkleedt zich als blonde del met zware borsten. Juan die van de Erasmusbrug viel moet op het podium komen en de borsten van meester Van Weel aanraken. Vanachter uit de zaal maken de andere leraren afkappende bewegingen in de lucht. Iwa en Hala hebben de gezichten afgewend. Na de disco begeeft iedereen zich voor de laatste maal te bed. De volgende ochtend staat om negen uur de dubbeldekker klaar. Tweeënhalf uur later doemt het grauwe schoolgebouw op. De kinderen halen hun bagage uit de bus en begeven zich naar de tramhalte of naar het metrostation.

Turk vreest teckel

In het park lopen Belkasem Anouz (26) en Ibrahim Spalburg (49) met een grote boog om een teckeltje heen. Omzichtig, want ze willen het baasje niet beledigen. Die zegt: 'Hij doet niks, hoor. Aai hem maar eens lekker over zijn kop.' Ze geven er geen gehoor aan. Het geloof zegt dat ze contact zoveel mogelijk moeten vermijden. Met name snuit en omstreken vormen een groezelige bron. Een eeuwenoude islamitische traditie druist in tegen de Hollandse gewoonte die wil dat het gezin de hond als een roedel omgeeft.

Het is niet zo dat moslims een hond iets zouden aandoen. De koran verbiedt dierenbeulerij ten strengste. Hondenbezit is niet *haram* (verboden), zoals alcohol, maar ook zeker niet *sunna* (aanbevelenswaardig). Het dier gezellig naast je op de bank is al een stap te ver. Laat staan dat je er je sponde mee zou delen. Een hond hoort in een hok op het erf. Daar waakt en jaagt hij. Verder niets.

Dierenwinkel, trimsalon, uitlaatcentrale, hondenshow en vitaminebrokken op televisie; de Nederlander lijkt wel gek geworden. Overdreven dierenliefhebberij is in de islamitische opvatting uit den boze. Moslims kunnen zich nauwelijks voorstellen dat Nederlanders zo met hun viervoeters bezig zijn. Met verbazing en soms met afgrijzen zien ze hoe het dier een volwaardige positie inneemt binnen het gezin.

Ibrahim Spalburg, studieleider aan de Amsterdamse Academie voor Theologie en Levensbeschouwing: 'De hond heeft in Nederland een overdreven status. Hem zo verheffen is absurd. Dat beest slaapt bij de mensen in bed en eet terwijl zij eten. Laat er geen misverstand over bestaan: ook moslims verzorgen honden. Maar in Nederland gaat die verzorging te ver. Ik ken in Nederland niet één moslimfamilie met een hond.'

Belkasem Anouz, student: 'Een hond voor de gezelligheid? Nee, dat is niet islamitisch. Het Nederlandse respect voor dieren waarderen wij. Maar het is te ver doorgeschoten. Je slaapt toch ook niet met een varken? Nederlanders nemen net zo gemakkelijk een hond als een kind of een vrouw. De hond krijgt menselijke eigenschappen toegedicht. Ik had een buurman met een Deense dog. Dat beest kwijlde verschrikkelijk. Die man droeg altijd een zakdoek bij zich waarmee hij het schuim van de snuit veegde. Vervolgens snoot hij zijn eigen neus erin! Een gruwel voor de moslim. Hondenspeeksel is zo onrein als maar kan.'

De woorden van Belkasem en Ibrahim onderstrepen het antropocentrische karakter van de islam. Alles wat Allah naast de mens geschapen heeft, moet een economisch doel dienen. In geen enkel opzicht kan het dier gelijk zijn aan de mens. Liefde als voor een medemens zal een moslim dan ook niet opbrengen voor een hond. Anouz: 'Als een wilde herder mij besnuffelt, probeer ik hem af te houden. Zie ik in de tram een hond, dan ga ik een stuk verderop zitten. Ik probeer ze te vermijden, maar regelmatig word ik toch besnuffeld. Op straat passeer ik een hond met een omtrekkende beweging. Vaak zegt zo'n baas dan: hij doet je niks, hoor. Ik wil die baas niet beledigen, maar ik ga er niet op in.'

Spalburg: 'Ik heb wel eens geprobeerd het uit te leggen, maar mijn ervaring is dat de mensen het al snel weer vergeten zijn. Het misverstand tussen baas en moslim doet zich dagelijks voor. Koren op de molen voor kortzichtigen. Ik wil de hondenbezitters niet kwetsen, maar ik vind wel dat ze naar de moslims toe een zekere verantwoordelijkheid hebben.'

Martin Gaus, vaderlands hondenminner, reageert onthutst. 'Moet een hond dan aangelijnd worden zodra er een moslim opduikt? Dat kan toch niet! Mijn ervaring is dat veel baasjes het niet eens weten. Regelmatig hoor ik ze klagen over de islamiet die zo raar reageerde. Dan probeer ik ze uit te leggen van die traditie. Dat heb ik geleerd op een voorlichtingsdag in de Bijlmer. Minachting voor de hond wordt een islamiet met de paplepel ingegoten. Ik noem dat vooringenomenheid. Zij zouden eerder verdraagzaam moeten zijn. Daar heb ik nog niks van gemerkt. In mijn shows, zowel *Natte Neuzen* als *Dierenmanieren*, is nog nooit een allochtoon of een islamitische hondenvereniging te gast geweest.'

Het kan volgens het Amsterdamse Islamitisch Sociaal en Cultureel Centrum nooit de bedoeling zijn dat een autoriteit als Martin Gaus zo in beroering wordt gebracht. Woordvoerder Abderrahim Arrikani: 'Het is een heikel punt. Dagelijks wordt de imam over deze kwestie geraadpleegd door verontruste moslims die met een hond geconfronteerd zijn. De imam raadt ze aan vooral rustig en beleefd te blijven tegen de baas. Ook al heeft zijn hond hun kleding verontreinigd. De Nederlandse normen en waarden moeten nou eenmaal gerespecteerd worden.' Een moslim op weg naar de moskee is extra behoedzaam als een hond zijn pad kruist. Wanneer het dier zijn broekspijp (zelfs maar vluchtig) besnuffelt, kan hij het bidden wel vergeten. De broek is dan onrein en moet met water en zand gezuiverd worden. De wasmachine is niet afdoende. Sommigen werpen het kledingstuk weg.

Spalburg: 'Moslims reageren in het algemeen panisch op honden. Niet voor niets hebben velen het bordje VERBODEN VOOR HONDEN naast de deurbel hangen. Je ziet vreemde taferelen op straat. Een moslim op weg naar het godshuis deinst terug bij elke viervoeter. Logisch. Hij wil zich spiritueel gaan reinigen. Ook als hij ergens op bezoek gaat waar een hond is, zal hij zich gereserveerd gedragen om te voorkomen dat het beest bij hem op schoot springt. Vaak zal hij vragen of de hond niet even in de gang kan. Nee, de eigenaar is niet onrein. En nogmaals, we kunnen heus wel vertederd zijn door een pup. Soms zullen we zelfs lijdzaam ondergaan dat het beest tegen ons opspringt. Maar thuis wel direct schone kleren aan.'

Anouz: 'Het is niet zo dat de hond gediscrimineerd wordt. Hij heeft gewoon de pech onrein te zijn. Bij mij zal er nooit een over de vloer komen. Het hele huis zou ontwijd zijn. Engelen zijn om ons heen. Wanneer een hond verschijnt, zijn de engelen verdwenen. De profeet heeft het gezegd. Een hond in de moskee? Dat zou een ramp zijn. Er zitten onreine bacteriën in het speeksel. Daarom ook zei Mohammed: als een hond van een bord likt, moet het bord zeven keer gereinigd worden. Met zand. Als een kat van een bord likt, dan hoeft dat niet. Een kat reinigt zichzelf voortdurend.'

Het is opmerkelijk hoezeer Mohammed van katten hield. In 's mans biografie van Karen Armstrong staat een verhaal waarin de profeet op zijn mantel een vredig spinnende kat aantreft. Hij is zo vertederd dat hij het niet over zijn hart kan verkrijgen het diertje te verjagen. Direct spreekt hij een vloek uit over iedereen die het mishandelen zal. Mohammed kon zijn voorliefde delen met Abdur Rahman Ibnsahar, bijgenaamd Abu Huraira (Vadertje Kat). Deze wijze zou veel katminnende traditie overleveren.

Arrikani: 'In de tijd van Mohammed is al bewezen dat er in het speeksel van de hond een hardnekkige bacterie voorkomt. Daarom is die zevenmaalse reiniging vereist. Verder is bekend dat er in de lever van de hond een wormpje huist, in de traditie omschreven als "douda alcharitia", dat, eenmaal genesteld in de mens, ongeneeslijke ziekten veroorzaakt. Dat tref je bij katten niet aan.' Ibrahim: 'Die onreinheid is niet uit de lucht gegrepen. Er zijn in de traditie talrijke aanwijzingen te vinden. En waarom denk je dat die beesten hondsdol kunnen zijn? Bij de kat speelt dat allemaal niet. Een kat is hygiënisch.'

Martin Gaus: 'Dat slaat nergens op. Weet je wel wat een infecties je oploopt als je een haal krijgt van een kat? Ze zouden die kat dan óók moeten afschaffen. Niet alleen de hond als zwarte piet. Dat doet me weer denken aan de vakantie. Ik was in Maleisië en heb de islam aan den lijve mogen ondervinden. Het is ongehoord zoals ze daar met honden omgaan. Het zijn verschoppelingen, die af en toe een afgekloven kippenbot krijgen toegeworpen. Vaak zijn ze ziek. In die omstandigheden is de kans op hondsdolheid aardig groot. In ons land toch niet. Toen ik een Maleisiër vertelde dat ik een dierenasiel beheer met 250 honden, keek hij me aan alsof ik gek was. Ook zei ik dat de honden wel eens bij me in bed slapen. Zijn mond viel wagenwijd open.'

Hoewel aan onze oostgrens nog wel eens een ree of een vos met schuim op de bek wordt gesignaleerd, heeft Martin Gaus gelijk als hij zegt dat hondsdolheid in Nederland, in tegenstelling tot in warme landen, allang geen reële bedreiging meer vormt. 'Desondanks moeten we er, alleen al op hygiënische gronden, naar blijven streven dat de hond waarmee we regelmatig in contact komen, gezond is en gezond blijft,' schrijft Jan van Rheenen in zijn standaardwerk *Meer kennis van uw hond*. 'Het is tenslotte een onomstotelijk feit dat iedere zieke hond een potentieel gevaar voor zijn omgeving betekent. Hoe nauwer het contact dat we met het dier onderhouden, hoe intiemer wij ermee omgaan, des te groter het gevaar. Dit geldt in de eerste plaats voor kinderen die door hun geringe hoogte en hun spelen op de vloer zeer intensief in aanraking komen met het dier. Maar het geldt in niet mindere mate voor de volwassenen die hun dieren knuffelen en zoenen en zelfs in hun bed laten slapen. Door zijn voorkeur voor lekkernijen als aas en uitwerpselen brengt hij gemakkelijk ziektekiemen over. Daarom doen we er verstandig aan onafgebroken in het oog te houden dat onze hond geen mens is maar een hond, en hem als zodanig te behandelen.'

Er zijn binnen de islam vier wetscholen, geografisch verdeeld over de wereld. Elke school interpreteert op eigen wijze de koran en daarom lopen de meningen nogal uiteen waar het de dagelijkse uitvoering van de regels betreft. Tolerante en orthodoxe imams hebben geschrapt en toegevoegd. Het hedendaagse onderscheid tussen Malekitische moslims en Sjafi'itische moslims is er een uitvloeisel van. De Malekitische wetschool, die vanwege het Marokkaanse verspreidingsgebied in Nederland het meest wordt aangehangen, benadrukt het praktische nut van de hond in haar exegese. De schriftstellende imam Malik beoordeelde het dier met een relatief milde blik. Hij regelde dat het redden van een hondenleven ook uitzicht ging bieden op een plaats in de hemel. De bijbehorende overlevering is die van een hoer die, door God verlaten, dagen zonder drinken door de woestijn moet zwerven alvorens ze een put ontdekt. De hond die haar achterna is komen lopen is zo mogelijk nog dorstiger. Als de hoer in de put is afgedaald en haar dorst gelest heeft, vult ze haar sokken met water, redt de hond, en vindt genade.

De hond wordt door imam Malik niet direct als een onrein dier opgevat. Malik maakte ook onderscheid tussen honden onderling. Afgerichte honden die goed luisteren mogen onder strenge voorschriften in sommige gevallen wel in huis. Hoewel het de islamiet een mensenleven kost om een hond geheel in die lijn af te richten. Likken en op de bank springen zijn uit den boze. Als gebruiksaanwijzing wordt de Tarbiyyatul Hayawan (opvoeding van dieren) aanbevolen. In drie overleveringen wordt uit de doeken gedaan hoe de volwaardige *kelb* (hond) te kweken is.

Van de Sjafi'itische wetschool, in Nederland iets minder in zwang, was imam Sichi bepalend. Hij leefde rond het jaar 900 en legde zich toe op de beschrijving van het begrip 'reinheid'. Hij had een minder gematigde kijk op honden en wilde er te allen tijde van verschoond blijven. Het is echter onder allerlei voorbehoud toegestaan een hond als waker te houden. Het dier moet dan wel in een hok verblijven, ver van het woonhuis vandaan. Imam Sichi was ook degene die de minder kozende vertelling van de hond als engelenverschrikker in omloop bracht. In Nederland zijn de Sjafi'itische opvattingen over de hond gemeengoed, ook onder de Malevieten. Dat verklaart ook de eendrachtige visie van Anouz (Malekiet) en Spalburg (Sjafi'iet). De situatie hier heeft de moslims gedwongen één front te vormen. Het praktische nut van een hond in Holland weegt bij lange na niet op tegen de bezwaren van het reukslijmvlies op de schelpen van zijn neus.

Hoewel ze bij het Islamitisch Centrum denken dat het zo'n vaart niet zal lopen voorspelt Hans Bouma, auteur van *Het dier in de wereldreligies*, dat het snel over zal zijn met de islamitische hondenfobie in Nederland. 'De angst komt in wezen voort uit een lang vervlogen nomadenbestaan. De hond was daar een aaseter, die allerlei ziekten overbracht. Een verspreider van ongeneeslijke ziekten is de hond vandaag de dag allang niet meer. De hedendaagse fobie is een traditioneel overblijfsel. In tegenstelling tot wat veel mensen denken is daar weinig religie mee gemoeid. Het gebod stond in dienst van het voortbestaan. Nu dat niet meer nodig is, zal het langzaam verdwijnen. Je ziet het aan de jongste generatie. Die schaft aarzelend honden aan.' Martin Gaus belooft dat hij de eerste islamitische hondensportvereniging hartelijk zal ontvangen.

De armste wijk van Nederland

In krappe voortuintjes woekeren coniferenhagen en rozenstruiken. Harde muziek klinkt uit een Golfje waar een man in besmeurde overall aan sleutelt. Twee gesluierde vrouwen dragen ieder een hengsel van een zware boodschappentas. Een man in joggingbroek laat een boxer uit. In het Zutphense arbeiderswijkje De Mars, dat ligt ingeklemd tussen een walmend industrieterrein aan de rand van de stad, wonen verdeeld over 191 minuscule woninkjes 822 mensen. De huisjes zijn opgetrokken uit roestbruin baksteen en dateren nog van voor de oorlog. Met oranje dakpannen, witte kozijnen en een dakkapel voor wie het zich permitteren kan. Het is een druilerige maandagmiddag. Wijkambtenaar Jan de Haan steekt de autosleutels in zijn zak en loopt vastberaden op een voordeur af.

Op weg erheen moesten we enkele malen keren. De Haan kon de weg naar het kleine buitengewest maar moeilijk vinden. Niet alleen omdat een gulzige IJssel de directe route heeft verzwolgen en we gedwongen waren om te rijden. Ook omdat De Haan er niet al te vaak komt. Bijster groot is de belangstelling van de gemeente Zutphen voor het minibuurtje nooit geweest. Primair ging de aandacht uit naar de monumentale binnenstad, om De Mars bekommerde zich niemand. Het verslonsde, werd een stapelplaats voor minima en minderheden, zelfs was er even sprake van drugsproblematiek. Bij Wehkamp kon je het met die postcode wel vergeten.

Volgens het Sociaal en Cultureel Planbureau is De Mars de armste wijk van Nederland. Traditionele gribussen als Spangen, Bijlmer, Schilderswijk en Zuilen hebben het nakijken. Het komt vooral door het werkloosheidspercentage dat in De Mars buitengemeen hoog is. Van de 240 huishoudens die het buurtje telt staat liefst 60 procent geregistreerd als 'niet-actief'. Ook meting van inkomen en opleiding leverde onrustbarende gegevens op. 150 huishoudens blijken minder dan 17.200 gulden per jaar binnen te halen. 39,6 procent van de bewoners kan slechts een lbo-diploma overleggen. 18,8 procent heeft alleen de basisschool gedaan. 2,1 procent is helemaal nooit naar school geweest. De rest deed mavo en mbo. Academici en hbo'ers zijn er op de vingers van één hand te tellen. Wat verder opvalt aan de buurt is het hoge percentage allochtonen: 50 procent.

Bij de gemeente Zutphen zijn ze zich rot geschrokken. Waren ze niet al een tijdje bezig met Wijkaanpak, een duurzame manier van samenwerken tussen bewoners en gemeente? En hadden ze niet net besloten tot een imagoverbetering van het geplaagde buurtje? Het bezoek dat wijkambtenaar Jan de Haan vandaag aflegt is dan ook een beetje een diplomatieke missie: hij moet zien te voorkomen dat de woede van verontwaardigde bewoners zich op zijn gemeente richt.

Semit Bulut, een Turkse man, laat zijn bezoek binnen. Semina, zijn vrouw, schenkt geurige thee. 'Ik woon vanaf 1975 in De Mars,' zegt Semit Bulut. 'Ik werk in de enveloppenfabriek hier op het industrieterrein. Ondanks de heimwee naar Turkije ben ik blij hier te wonen. In de zomer ga ik beetje wandelen. Zie mensen vissen. In de volkstuin verbouw ik groente. Het verbaast me dat dit de armste wijk is. Er zijn hier wel lage inkomens maar arm, dat ze honger hebben, dat niet.'

De bel gaat. Opbouwwerkster Liesbeth van Burken wordt binnengelaten. Samen met Jan de Haan vormt zij, in het kader van de al eerder genoemde Wijkaanpak, een zogenaamd wijkkoppel dat als schakel tussen gemeente en burgers fungeert. Met Semina Bulut heeft Van Burken veelvuldig contact. 'In buurthuis De Komma organiseer ik bijeenkomsten voor eerste generatie Turkse vrouwen,' zegt Van Burken. 'Over hoe het is om ouder te worden in De Mars. Als een van de weinigen zit Semina daar altijd bij. Ze heeft actief meegeholpen aan het totstandkomen van de nieuwe speeltuin.'

De Haan: 'Meneer Bulut, u heeft zojuist veel positieve dingen genoemd. Wat kan er volgens u beter?'

Bulut: 'We hebben last van de meubelboulevard. Vooral met Pasen. Duitsers parkeren tot hier in de straat. Verder werken te veel mensen op straat aan de auto. En te veel loslopende honden. En ik zou graag willen dat er niet meer buitenlanders in de wijk komen, anders voelen Nederlanders zich bedreigd. Ik heb nog met niemand problemen hier. Ik ben vrij, kan barbecuen waar het in andere wijken niet kan. Bellen ze gelijk de brandweer. Muziek kan hier ook hard.

Maar een winkel zou wel handig zijn. En een school.'

Semina Bulut: 'Vooral een school. De school van nu is te ver voor ons. Ik moet acht keer per dag heen en terug, wij hebben vier kinderen. Pas sinds kort heb ik rijbewijs. Mijn man draait tweeploegendienst, de kinderen zijn een jaar te lang thuisgebleven. Ze hadden op hun vierde naar school gemoeten. Er is nooit openbaar vervoer hier geweest. Ik heb leren fietsen. Maar als ik fiets lachen de andere Turkse vrouwen me uit. Zij lopen liever. Helemaal naar de markt en terug.'

Geschrokken wendt Van Burken zich tot De Haan. 'Daar moeten we de wethouder op aanspreken!' De Haan maakt een aantekening. Semina Bulut: 'Ik ben bij de wethouder geweest. Ik zei: kinderen kunnen niet naar school, mijn man moet werken. Hij zei: u kunt toch fietsen. Ik kan niet fietsen met twee kinderen, zei ik. Mevrouwtje, het is uw verantwoordelijkheid, zei de wethouder. Een Nederlandse vrouw brengt haar kinderen ook zelf.' Semit Bulut: 'Er waren meer Turkse vrouwen met dit probleem. Toen hebben we een bus gehuurd. De wethouder wilde geen cent bijleggen. Het kostte ons vijftig gulden per kind per maand. Als andere mensen zich terugtrokken ging de prijs omhoog.'

We stappen in de auto. De wethouder die Semina te woord stond is inmiddels burgemeester van een dorpje in Zeeland, benadrukt De Haan. Zijn opvolger is wethouder Luesink, met wie we een afspraak hebben. Het grauwe industrieterrein verdwijnt in de achteruitkijkspiegel. We passeren de dertiende-eeuwse Sint Walburgskerk, de Kruittoren en de Berkelpoort. In het gemeentehuis aan de 's Gravenhof wacht wethouder

Luesink ons in de deurpost van zijn kamer op. 'Als er maar een paar koopwoningen bij hadden gestaan,' zegt Luesink. 'Dan kwamen wij op die hele lijst niet eens voor. Sommigen vragen mij hoe het is om wethouder te zijn van de meest verpauperde buurt van Nederland. Dat is het gevaar. Dat dit onderzoek stigmatiserend werkt. Natuurlijk wonen er veel mensen met een laag inkomen, slechte opleiding en vaak zonder werk. Maar het gaat wel om de verhoudingen.'

De wethouder heeft best een zwak voor het geplaagde buurtje. 'Het is een hele bijzondere wijk. In de jaren dertig gebouwd door groothandel Resink om de arbeiders dicht bij de fabriek te houden. Marsbewoners voelen een zekere mate van vrijheid en dragen dat ook uit: op bakfietsen halen ze bier bij de supermarkt. Als het weer het toelaat speelt het leven zich er op straat af. En zwemmen de bewoners in de IJssel, hoe ongezond dat ook is.' Hoezeer Luesink ook verknocht is aan De Mars, een bus kan hij niet laten rijden. 'Openbaar vervoer is duur in de financiering tegenwoordig.'

Vier jaar geleden was De Mars bijna gesloopt. De veiligheidscirkels rond de firma Primagaz en de Asfalt Centrale Zutphen werden in het kader van milieuwetgeving verder en verder opgerekt. Primagaz dacht: dat wijkje met die slechte naam dat moet maar weg. Met een nipte meerderheid in de Zutphense raad werden de plannen tegengehouden. Ondanks alle negatieve publiciteit die het wijkje Zutphen nu levert, is heroverweging van sloop voor Luesink geen optie. 'Je kunt die mensen van De Mars elders niet onderbrengen, die aarden alleen daar.' Wat de gemeente Zutphen dan gaat doen om het predikaat 'armste wijk' kwijt te raken, laat zich raden. Luesink: 'Er komen zeker weten koopwoningen bij te staan.'

Terug naar De Mars. In de Paapstraat woont de 72-jarige Gerrit Bierhof. Hij is de aanjager van het massale buurtprotest dat op gang kwam nadat bekend was dat De Mars als armste wijk uit de bus zou rollen. In een documentaire van TV Gelderland zien we Bierhof door de buurt trekken waar hij zijn leven lang al woont. Met de Turkse nieuwkomers kan Bierhof het goed vinden. In de moestuinen, in de luwte van de IJsseldijk achter het wijkje, zien we een Turkse vrouw een courgette uit de grond trekken en Bierhofs fronsende gezicht. 'Is dat geen komkommer dan?' Dankbaar neemt hij het vreemde gewas in ontvangst.

'Belachelijk,' zegt Bierhof in zijn knusse woonkamertje. 'Dat is toch niet te peilen, zoiets. Ik las dat zo'n onderzoek helemaal gebaseerd is op hoe de samenstelling van zo'n wijk is. Kijk, omdat hier dus een gemiddeld loon is... Als u in deze rij kijkt, er werkt iemand bij de gemeente Gorssel. De volgende werkt voor de PTT en noem allemaal maar op. Aan de overkant: een, twee, drie, vier, vijf, zes. Er werken zes mensen van. En in die volgende rij werken geloof ik vijf van de zes. Dus u begrijpt wel dat ik boos was.

Zoals ik op TV Gelderland al zei: ik heb vaak het idee dat er bij zo'n bureau mensen rondlopen die dan weer een of ander onderzoek doen om te slagen voor dit of dat. Een scriptie maken of zoiets. Zo'n wijk wordt beoordeeld naar het gemiddelde. Nou ja, ik ben gepensioneerd. De buurman is dakdekker geweest, maar hij is door het dak gevallen. De andere buurman is gepensioneerd. Dan werken er twee. De buurman daarop is gepensioneerd. Dus in deze rij wonen veel gepensioneerden. Die hebben wel allemaal een uitkering... Ik heb er dan een goed pensioen bij. Er zijn er misschien wel die door pensioenbreuken iets minder hebben. Ik heb veertig jaar bij een bedrijf gewerkt. Bij drukkerij Thieme. Bekend van op schoolboekengebied.'

Bierhof neemt een slok koffie. 'Ik ben hier geboren. Ik woon hier al 72 jaar. Ik heb hier gespeeld, gezwommen, geschaatst, gevoetbald in het weiland en 's winters gleed ik in een tobbe van de dijk. Voordat ik in dienst ging was ik nog nooit in een zwembad geweest.'

De Haan: 'U zwom in de IJssel?'

'Ik heb ook veel in de dialectenvertaling gedaan,' gaat Bierhof verder. 'Ik concentreerde me op Zutphens in het Nederlands.'

'Andersom, Gerrit,' zegt zijn vrouw Annie vanuit de keuken, 'Nederlands in het Zutphens.'

In de jaren zeventig en tachtig was De Mars volgens Bierhof op z'n gevaarlijkst. 'Er kwam een zigeuner in de straat wonen. Die haalde z'n zoons. Een hele familie klitte aan elkaar. Midden in de nacht liepen ze met accordeons over straat. De mensen ernaast vertrokken. Er brak een drugsperiode aan. Daarop vlogen er huizen in brand. Maar goed, al die narigheid was helemaal over. De woningstichting zag het weer zitten. Buurtbewoners sloegen de handen ineen. Dan zoiets. Je krijgt weer dat mensen gaan zeggen: daar wil ik niet wonen.'

Chris Zwart is voorzitter van de bewonerscommissie. Hij en andere boze bewoners hebben zich gemobiliseerd in de huiskamer van bewoonster Trudy Schigt. Tropische vissen zwemmen rond in een groot aquarium en een blauwe parkiet kwettert erop los. Aan het plafond ploegt een ventilator door een dikke wolk zware shag.

Zwart: 'Ik woon 46 jaar in De Mars. Ik werk hier op het industrieterrein bij een drukkerij. De Mars is een hele gemoedelijke buurt.'

Trudy Schigt: 'We kunnen hier allemaal goed met mekaar overweg. Heb je hulp nodig staat er hup iemand voor je klaar. Kom binnen, niet aanbellen, trek maar aan het touwtje. Het maakt niet uit of je buitenlander bent of niet.' De ogen richten zich op Erdal Günbey, de Turkse buurman. 'Het bevalt me zeer,' zegt deze. 'Ik ben in 1976 gekomen. Sinds vorig jaar ben ik lid van de bewonerscommissie. Nou is mijn vraag: hoe komen ze aan die cijfers, wat is de reden ervan? Om een wijk een naam te geven als arm. Ik heb me ergens wel een idee in m'n achterhoofd om te denken dat ze dat misschien zo kijken, maar dat heeft te maken, naar mijn mening, dat het van de regering af komt. Die heeft bepaalde regels gemaakt. En dan schuif je mensen die minder verdienen naar een hoek.' Instemmend gemompel.

Terwijl opbouwwerker Liesbeth van Burken stilletjes komt binnengeslopen verheft Zwart andermaal zijn stem. 'Tuurlijk zitten er mindere stukjes bij maar dat hou je in elke buurt. Het merendeel dat doet met mekaar, ongelooflijk. Armoe is maar een begrip. Als ik een stuk vlees op tafel heb, en 's avonds een flesje bier, kan ik geen armoe hebben. We moeten voorkomen dat echt waar wordt wat ze schrijven. Want hoe ontstaat een arme wijk? Door de gemeente. Die houdt de koppeling huursubsidie en inkomen in stand. Daar kweek je armoedewijken door.'

Het wijkkoppel zwijgt voor zich uit. Schigt: 'Je mag niet wonen waar je wil wonen. Ik heb een zoon van 23. Die wil het huis uit. Omdat hij een te hoog inkomen heeft kan hij in De Mars niks krijgen. Die regeling moet ongedaan worden gemaakt.'

'Er leeft hier nog menselijkheid,' zegt Anke Blitz, ook een bewoner. 'Wij schamen ons niet een ander wat te vragen als we een maand krap zitten. Zal in andere wijken niet gebeuren. Ik heb in de nieuwbouw gewoond. Riep je je kind van straat, was je meteen een aso.'

Zwart: 'Er wonen hier best wat bijstandtrekkers. Maar er zijn er echt ook een hele hoop die normaal werk hebben. En crimineel is het hier al helemaal niet. Dat gaat iedereen denken.'

Blitz: 'Je kan de fiets hier gerust los laten staan.'

Het is over zessen als Trudy Schigt ons in de jas helpt. In de auto merkt De Haan op dat hij de bewoners wat sceptisch vond. 'Maar in het kader van imagoverbetering heeft deze dag veel bruikbaars en positiefs opgeleverd,' zegt hij terwijl we een fietsende Liesbeth van Burken toeterend passeren.

De bodyguards van Lelylaan

Dit verhaal gaat over de twintigjarige Hamidou die opgroeide in het deel van Amsterdam-West dat door tramlijn 12 wordt doorsneden. Met zijn boevenbende overviel hij jarenlang toeristen, zakenlui en dagjesmensen op de Schipholllijn. Zonder Hamidou was station Lelylaan niet veranderd in een fort met patrouillerende kleerkasten. Zonder Hamidou zou de wanhopige PvdA- stadsdeelvoorzitter Henk Goettsch zich niet tot het fortuynisme hebben bekeerd. Zonder Hamidou hadden geheime opsporingsbrigades geen overuren hoeven draaien.

Hamidou kreeg nog iets voor elkaar. Dat voor het eerst in de geschiedenis alle bij een station betrokken organisaties rond de tafel zijn gaan zitten. Toen de ellende achter de rug was belegden die een persconferentie waarop allerlei maatregelen onthuld werden. Er werd gedaan alsof het door die plotselinge samenwerking en hun maatregelen kwam dat station Lelylaan genas. Veeleer was het de verdienste van To Serve and Protect, het daadkrachtige beveiligingsbedrijf van de Surinamer Marvin Irion. Van twee van zijn employees in het bijzonder. De freefightende halfjoodse Loek en de kickboksende Marokkaan Abdel. Voor hen hadden Hamidou en zijn handlangers wel ontzag.

In 1986 kwam de elf meter boven het maaiveld uitstekende Schiphollijn gereed, een snelle treinverbinding tussen station Amsterdam Centraal en de luchthaven. Met drie stations ertussen: Amsterdam Sloterdijk, Amsterdam De Vlugtlaan en Amsterdam Lelylaan. Ingenieur Rob Steenhuis, hij zou het nog schoppen tot bouwmeester van het spoorwegbedrijf, nam het ontwerp van de laatste twee stations voor zijn rekening. Voor de eeuwigheid waren zijn concepten niet bestemd. Station De Vlugtlaan werd opgedoekt, Lelylaan – vriend en vijand zijn het erover eens – is in architectonisch en planologisch opzicht een miskleun gebleken.

Om de zoveel tijd wordt een fietser of voetganger gegrepen op de onbeveiligde overgang van de trambaan die het station aan de onderzijde kruist. Regelmatig zien automobilisten de vreemde kronkel in de weg over het hoofd en knallen tegen een van de betonnen pilaren waarachter de vrienden van Hamidou tot voor kort met pruttelende scootertjes stonden te wachten op hun collega's die, dankbaar gebruikmakend van een van de zeven 'stijgpunten' met de poet naar beneden stormden. In het boek *Stationarchitectuur in Nederland, 1938-1998* wordt het Lelylaan-concept van Steenhuis geroemd. Er wordt gerept van een 'vernuftige constructie' en een 'felrood buizenframe' dat 'als architectonisch hoofdmotief van verre zichtbaar is'. Op een dag in mei 2002 was van verre zichtbaar hoe bestelbusjes van Heras voor het station parkeerden. Werkmannen in overalls trokken hoge en puntige ijzeren hekken op – model Pegasus – om zes van de zeven stijgpunten voorgoed af te sluiten.

Terug naar Hamidou. De basisschool doorliep hij succesvol, op het Marcanti College aan de Jan van Galenstraat, waar hij aan het vbo was begonnen, ging het mis. Abdel, een medewerker van To Serve and Protect die Hamidou later op Lelylaan opnieuw zou tegenkomen, zat in die tijd ook op het Marcanti, waar hij de havo aan het volgen was. Abdel (21), die momenteel een hbo-opleiding volgt, herinnert zich dat Hamidou klein van stuk was en daarom doelwit van pesterijen. 'Hij moest dat compenseren en begon stoer te doen. Spijbelen, blowen, opvallen. En jatten. Telefoons, autoradio's, elektronica; alles wat te helen was. Je zag hem vaak met een slijptol over straat slenteren, op zoek naar scootertjes. Hij wekte de irritatie van grotere gasten die hem regelmatig in elkaar timmerden. Je herkent Hamidou aan zijn littekens en een afgebroken voortand.'

Toen z'n strafblad niet langer in één ordner paste en hij meer snoof dan goed voor hem was, verlegde Hamidou z'n werkterrein naar Lelylaan. Om daar een voor Nederland nieuwe, zeer brutale methode van bagagediefstal te introduceren. 'Er is ons verteld over tulpen, windmolens en klompen, niet over agressieve treinrovers,' zei een gepensioneerde Amerikaan, een van de talloze slachtoffers die ik ontmoette op de lijn. 'We zijn net aan komen vliegen,' zei z'n vrouw. 'Van boven zag het er zo vredig uit.'

Op het stadsdeelkantoor ontmoette ik Henk Goettsch (PvdA), de 'burgemeester' van stadsdeel Slotervaart/Overtoomse Veld. Goettsch was een verbitterd man die allerlei gepeperde uitspraken deed. 'Station Lelylaan is hét voorbeeld van een falende overheid,' zo sprak hij. Zijn ambtstermijn leek volledig in het teken van het grimmige station te staan. Direct toen Hamidou en z'n groep begonnen te opereren op Lelylaan – in 1998 werden de eerste *hit and run*-delicten op de Schiphollijn gerapporteerd – zette Goettsch een tegenaanval in. Probleem was dat hij het niet in z'n eentje voor het zeggen had. Rond station Lelylaan leken evenzoveel instanties samen te komen als er treinen vertrokken.

Voor Goettsch ook maar een maatregel kon nemen diende er overleg te zijn geweest met de gemeente, het gemeentevervoerbedrijf (GVB), de NS, de spoorwegpolitie, het korps landelijke politiediensten (KLPD), de regiopolitie Amsterdam, het politiebureau Meer en Vaart, het openbaar ministerie en zijn eigen stadsdeel. Tot in de kleinste details openbaarde zich de bureaucratie. Goettsch vertelde over de centrale hal van het station. Die was vanwege de naastgelegen metrolijn voor de ene helft van het GVB, voor de andere helft van de NS. Het GVB hield er een dagelijks schoonmaakregime op na, de NS een wekelijks. De ene helft van de hal was smerig, de andere schoon. Het kostte hem weken om alleen dat aan te passen.

Goettsch trad in 1998 aan als stadsdeelvoorzitter. Hij was een socialist met idealen die geloofde in maakbaarheid en traditionele Hollandse waarden waar zelfs de vreemdste vreemdeling zich naar zou schikken. Slotervaart, onderdeel van de westelijke tuinsteden, was ook een plek die bij die overtuiging paste. Een buurt van goede bedoelingen, een paradijs voor arbeiders en middenklasse. Bij de oplevering in de jaren vijftig werden de ruime woningen betrokken door gezagsgetrouwe proletariërs. De onderlinge banden waren sterk, het verenigingsleven bloeide. Cafés waren er bewust niet, de mannen mochten eens aan drank verslingerd raken. Aan ontspanning trof je er hooguit een gymnastieklokaal. Iedereen stond 's ochtends vroeg op en ging naar z'n werk.

Die middag in het stadsdeelkantoor had Goettsch er vier jaar op zitten. 'Laat ik heel duidelijk zijn over die Marokkanen,' tierde hij. 'Dat zijn hufters, klootzakken. Die moeten worden gearresteerd en naar heropvoedingsgestichten worden gestuurd. Als dat niet helpt sturen we ze terug naar Marokko. Laat ze maar in de Sahara zand gaan sjouwen. Wat dat betreft ben ik helemaal *into* Fortuyn.' Hij had het over de groep van Hamidou en die andere 150 jongeren die niet wilden deugen. Goettsch: 'Voor 90 procent bestaat die groep uit Marokkanen, wat logisch is omdat het stadsdeel in bepaalde gebieden voor 80 procent uit Marokkanen bestaat.'

De stadsdeelvoorzitter vervloekte zijn eigen partij die immigranten louter paternalistisch tegemoet was getreden of hen, onder het mom van behoud van eigen identiteit, domweg aan hun lot had overgelaten. Zo was haast ongemerkt een nieuw Nederland ontstaan, meende hij, een tot op het bot verdeelde natie van in zichzelf gekeerde groepen. Goettsch: 'Tegenwoordig valt er weinig meer te verheffen. Mijn idealen heb ik allang van me afgeschud. Ik kan alleen nog repressief optreden. Camera's ophangen, vergunningen intrekken en meer politie de straat op sturen. Dat station Lelylaan er nu zo uitziet is een schande.' Behalve camera's wilde Goettsch dat er permanent een agent op het station gestationeerd zou zijn, dat er extra motoragenten vrijgemaakt zouden worden om de scooters met buit te kunnen achtervolgen, en dat er klassieke muziek in de stationshal gedraaid zou gaan worden. Goettsch: 'Vivaldi, daar kunnen hangjongeren absoluut niet tegen.'

Het zou tot het jaar 2001 duren voordat de door Goettsch voorgestelde maatregelen in overweging werden genomen door de organisaties die zich hadden verenigd in een stuurgroep. Hamidou en zijn rovers hadden intussen vrij spel. Wie in die dagen op Lelylaan kwam, zag de bende elke ochtend verder aanzwellen. Op hoogtijdagen waren ze met z'n vijftigen actief. Conducteurs bleven uit angst voor represailles bij de machinist in de cabine zitten. Sommige machinisten die de ongedurige rovers op het perron klaar zagen staan, besloten tot verbijstering van de reguliere passagier, de trein door te laten rijden.

Van een afstandje maakte de bende van Hamidou een chaotische indruk. Ze verzamelden zich in en rond het glazen wachthok op het perron om er hasj te roken, enkelen urineerden in een prullenbak. Ze sprongen op de rails om vlak voor een langsrazende hogesnelheidstrein het perron weer op te klauteren. Maar zodra de dubbeldekstrein uit de richting Schiphol arriveerde, trad een verbluffende organisatie in het werk. In koppels van drie of vier stelden ze zich bij de deuren op. Eentje struinde boven door het gangpad, eentje onder. Een derde inspecteerde de bagage in de hal, een vierde wachtte in de deuropening. Als het gewenste bagagestuk was uitgekozen, sprak een van hen, ter afleiding, de eigenaar ervan op fluistertoon aan. Intussen snerpte de bel van vertrek, griste een ander de tas weg, sprongen ze naar buiten en drukten in het voorbijgaan op de 'sluiten'-knop. Er vertrekken vanaf Lelylaan per uur vijf treinen in de richting Schiphol en vier in de richting van het Centraal Station. Geen trein die niet op buit geïnspecteerd werd.

Uit cijfers van de Spoorwegpolitie blijkt dat in de jaren tot juni 2001 het gemiddelde aantal aangiften per maand op de Schiphollijn, waartoe ook het traject in de richting Duivendrecht wordt gerekend, rond de 150 schommelde, hoewel er op het laatst uitschieters van voorbij de 200 werden gemeten. Het reële aantal berovingen is een veelvoud daarvan geweest omdat de meeste beroofden geen aangifte deden. Ze waren in haast op weg naar het vliegtuig of pasten ervoor te wachten in de lange rij voor de aangiftebalie van de Spoorwegpolitie op spoor 2a van het Centraal Station.

Net als Henk Goettsch ergerde Ron Huijting, projectleider van het VVC-team, de undercoverbrigade van de Spoorwegpolitie, zich groen en geel. De rooforgie zoals die zich op Lelylaan voltrok was een blamage voor zijn dienst. In weerwil van de onderbezetting bij zijn werkgever sprokkelde Huijting extra mensen bij elkaar en zorgde hij dat zijn team vanaf juni 2001 op de Schiphollijn aan de slag kon. In de periode juni tot december 2002 rekende z'n brigade 68 mensen in, in de periode januari tot mei nog eens 24. Daaronder bevonden zich zo nu en dan enkele leden van Hamidous harde kern, maar vooral ook veel gelegenheidsboefjes die na die confrontatie hun werkzaamheden op het spoor staakten. 'In het begin was het vissen in een volle vijver,' zei een van de met pepperspray, handboeien en een vuurwapen uitgeruste VVC-teamleden met wie ik een middag op pad ging.

Een van die zelfstandigen die in de hoogtijdagen rond de groep van Hamidou zwermden was Roberto, een kleine Antilliaanse jongen, dertien jaar oud, slobbertrui, gympies, om zijn nekje een gouden ketting. Voordat de brigade van Huijting z'n taken opvatte, ging hij elke ochtend in plaats van naar school met de metro vanuit Zuidoost naar Lelylaan om te 'werken'. Ik hoorde hem over zijn mobiele telefoon een gesprek voeren met een vriendje: 'Waar blijf je, we moeten aan de slag. Zit je weer te eten? Ik sta al een uur op Lelylaan. Hoe laat kom je?' Hij vertelde dat hij op een dag wel eens duizend gulden binnen had gehaald. 'Zakenmannen die bellen letten niet goed op. Je kunt ook van buiten tegen het raam tikken en iemand anders de koffer laten pakken.' Japanners en Chinezen vond hij het makkelijkst.

In het begin had ik de manschappen van Hamidou vanaf een bankje ongestoord kunnen observeren. Als de bende compleet was, waren ze met een man of vijftien. Je had iemand die zich 'Mouse' noemde en z'n roofgeld op een spaarrekening zette. Met hem knoopte ik wel eens een gesprekje aan. Gevraagd naar z'n bezigheden zei hij: 'Met bagageroven heb ik niks te maken, ik ben gewoon een reiziger.' Er bevonden zich binnen de groep twee tweelingen, de B.'s en de M.'s, die alleen vanwege een gering lengteverschil van elkaar te onderscheiden waren. Deze waren minder mededeelzaam. 'Ik wil niet met u praten, meneer.' 'Waarom niet?' 'Waarom zijn de bananen krom.' Afgezien van de twee tweelingen had je ook nog twee neefjes, Abdel en Ahmed A., die ook erg op elkaar leken. Met hen viel evenmin contact te leggen.

Op een dag maakte ik een praatje met Hamidou. Hij was met z'n twintig jaar iets ouder dan de rest, die in tegenstelling tot hem vaak nog op school zat. Hij leek mij een ruwe en ruiggebekte klant. Een 'categorie 4-jongere' zoals ze bij de politie zeggen: hopeloos recidivistisch. Hamidou zei dat hij een goede dag had gedraaid. Ik zag zijn gele en half afgebroken voortand. Zijn stekelige haar was opgeschoren, de andere jongens in de groep hadden eenzelfde coup. Hij zegde een gesprek toe en overhandigde een telefoonnummer dat niet bleek te bestaan. De volgende keer dat ik hem zag was hij niet vriendelijk meer. De andere jongens gingen agressief doen. 'Rot op, dit is ons station.'

Hoewel het VVC-team de groep van Hamidou een slag toebracht, was het effect van het team na enige maanden uitgewerkt. Ze begonnen de dertien dienders van gezicht te herkennen. Zodra een VVC'er opdoemde werd naar de mobiel gegrepen en kwam het werk stil te liggen. Omdat de roofkansen kleiner werden, moest het delict sneller worden gepleegd. Werd een tegenspartelende toerist in de overdadige tijden van vroeger wel eens met rust gelaten, nu hoefden verzetplegers niet langer op mededogen te rekenen. Op een dag in oktober 2001 ging het mis. Een toevallig op Lelylaan aanwezige cameraman legde het voorval vast.

's Avonds was op een lokale Amsterdamse zender te zien hoe A., een van de oudere leden van de groep, een Amerikaanse toerist die zijn camera niet los wilde laten, uit een rijdende trein sleurde. De baas van de NS moest diezelfde avond bij het journaal uitleg komen geven.

Ineens kon er heel veel. Politie en GVB verscherpten de controle op het station en de rover werd, nadat justitie met succes de beelden van de lokale zender had opgeëist, van zijn bed gelicht en tot zestien maanden cel veroordeeld, een forse straf vergeleken met de maximaal drie maanden die diverse jongens van de groep na een heterdaad kregen. De harmonieuze samenwerking van betrokken instanties, waar Henk Goettsch al vanaf 1998 op hamerde, kwam er dan toch. De camera's werden opgehangen. 's Nachts kwam de groep met een grote tang naar het station en knipte de draden door. Terwijl monteurs de volgende dag op het perron de schade herstelden, werden beneden de voor het station geparkeerde busjes kapot geslagen.

Na een tijdje ontdekte Hamidou dat de camera's, als ze al iets registreerden, nergens mee in verbinding stonden. Ze bogen er een paar naar het plafond en niemand die ze recht was komen zetten. Op het Centraal Station, boven het kantoor van de spoorwegpolitie op spoor 2a, bekeken medewerkers van het door de NS ingehuurde particuliere beveiligingsbedrijf Securicor allerlei beeldschermen. Daarop kwamen livebeelden binnen van de grotere stations in den lande, gemaakt door in- en uitzoomende, op afstand te bedienen camera's. 'Nee, Lelylaan werkt nog steeds niet,' zei een van de Securicor-mensen toen ik er een kijkje kwam nemen.

Securicor bakte er niet veel van. Behalve om beelden te bekijken had de NS hen ook ingehuurd om te patrouilleren op onder meer station Lelylaan. De bende van Hamidou dreef de spot met de vaak jonge beveiligers van dit bedrijf. Op een avond, eind april 2002, had P., die anoniem wilde blijven omdat hij van zijn broodheer niet mocht praten, met een collega dienst toen hij in de trein naar Schiphol de groep tegenkwam. 'Ze liepen eerst alleen een beetje door de trein,' vertelde P., 'kijken naar de bagage, meer niet. Bij Lelylaan stapten ze uit, op twee na. Die twee probeerden een tas van een toerist mee te sleuren. Toevallig kwam mijn collega net door een tussendeur aanzetten waardoor hij er getuige van was. "Je bent aangehouden," riep hij. De hele groep schoot te hulp. Mijn collega kreeg een kopstoot en klappen tegen zijn kin. Een te hulp schietende reiziger kreeg een flesje Bacardi naar het hoofd geslingerd. Zijn mobiele telefoon werd gestolen.'

Het was een drama voor de NS. Noch Securicor, noch de periodieke inzet van extra Spoorwegpolitiebeambten, marechaussee of conducteurs, noch het inmiddels ontmaskerde VVC-team waren accurate middelen in de strijd. Er restte nog één optie die de NS zo lang mogelijk uit had willen stellen.

Die ochtend in oktober 2002, de dag na de journaaluitzending, werd Marvin Irion om halfacht uit bed gebeld. Irion was baas en oprichter van To Serve and Protect, een beveiligingsbedrijf dat op een voor Nederland onconventionele manier de orde handhaaft. 'Ze smeekten mij of ik Lelylaan wilde doen.' Irion had voor de NS al voortreffelijk werk verricht op station Almere Centrum. Hangjongeren veroorzaakten daar in de stationshal overlast. Er waren vechtpartijen geweest, een enkele beroving en ook een schietincident. 'Het was Securicor, dat ook op dat station was ingehuurd, niet gelukt de orde te herstellen,' zei Irion. 'Ook de Spoorwegpolitie en de regiopolitie waren er niet in geslaagd. Zij hanteren een zero-tolerancebenadering, wij praten eerst met ze. Zo heb ik die hangjongeren daar zelf aangesproken: geen grappen makkers, dan blijft onze verstandhouding goed. Binnen een maand was er geen overlast meer. Er was respect voor ons bij die jongens.'

Voor de klus in Almere had To Serve and Protect vooral ordehandhaving op evenementen gedaan, variërend van housefeesten tot kickboksgala's. De NS moet vooral onder de indruk zijn geweest van het soort employees – het waren er dertig, plus een oproepbaar bestand van honderd – dat Irion in dienst had. Irion: 'Wij werven vooral op sportscholen en kickboksgala's maar ook gewoon op straat.' Onder de werknemers van Irion bevonden zich enkele jongens met het een en ander op hun kerfstok. Irion: 'Als je zo iemand in dienst wilt nemen, moet de politie diens antecedenten checken en dan wel of niet een vergunning verlenen. Het is een feit dat veel oud-politieagenten bij grote beveiligingsbedrijven als Securicor werken. Bij die bedrijven knijpen ze een oogje toe terwijl ze voor mij vaak streng zijn. Ik heb veertig jongens klaarstaan die inderdaad een bepaald verleden hebben. Waarom mag ik ze niet in dienst nemen? Een beetje *streetwise* zijn is welkom. Bovendien zullen sommigen vervallen in hun oude gewoonten als ze niet aan de bak komen.'

In 1999 kreeg Irion zelf ook een veroordeling aan z'n broek. Ten onrechte, tekende hij aan. 'Een van mijn mannen had een geweldsdelict gepleegd op een feest in Zaandam. Ik heb er de schuld van gekregen en ben veroordeeld.' To Serve and Protect bestond toen al enkele jaren. Justitie oordeelde dat het incident verwaarloosbaar was en dat de vergunning niet hoefde te worden ingetrokken. Maar toen Irion in 2002 verlenging van zijn vergunning aanvroeg weigerde justitie. Het gevolg was dat het bedrijf, terwijl het ingehuurd was door de NS, met een ondeugdelijke vergunning opereerde.

Op 1 maart 2002 begonnen de bolsters van To Serve and Protect aan hun eerste patrouille op Lelylaan. Hamidou en z'n makkers wisten niet wat ze overkwam. Bij de eerste de beste roof kregen ze een van die krachtpatsers achter zich aan. Niet alleen de tas werd teruggepakt, ook de delinquent werd hardhandig in de kraag gevat. Irion: 'In het begin pakten we er veel, een stuk of twaalf in totaal. Maar het duurde wel drie kwartier voor de politie van bureau Meer en Vaart assistentie verleende. Soms kwamen ze helemaal niet opdagen. Dan lig je daar met zo'n jongen op het perron.' Irion maakte ook mee dat de door Henk Goettsch speciaal voor Lelylaan vrijgemaakte agent geen assistentie wilde verlenen. Irion: 'Hij zei: ik kom niet naar boven want dat is mijn terrein niet.'

De in Almere toegepaste tactiek werkte ook op Lelylaan. Irion: 'Ik ben met die Marokkaanse jongens gaan praten. Een paar van hen zaten in de hal. Ik stelde me voor en ik zei: jullie gaan ons veel zien de komende tijd. Als wij hier zijn, gaan jullie geen moeilijkheden maken anders zul je wat beleven. Een van de jongens zei: ga je op die laarzen achter me aanrennen? Ik ga niet achter je aanrennen, zei ik, je moet je gewoon rustig houden, kameraad. En bovendien, zullen we wedden dat ik op mijn laarzen sneller ben dan jij? Ze lachten en er was respect over en weer.'

Soms leek het respect al te groot. 'Ze hebben geprobeerd samsamdeals te sluiten met sommigen van mijn mannen. Eentje heb ik ontslagen omdat hij een afspraak met de rovers was aangegaan dat hij niet achter ze aan zou rennen als zij gevallen tassen gewoon op het perron zouden laten liggen.' Toen bleek dat er geen deals met To Serve and Protect gesloten konden worden, groeide de frustratie over het lucratieve territorium dat Hamidou steeds verder moest prijsgeven. Er volgden treiterijen. Met de hele groep kwamen ze het perron op om de spierbundels van To Serve and Protect te provoceren. Vooral Loek moest het ontgelden.

Loek was kaal, groot en had een joodse achtergrond. Zijn vorige werkgever, een rechercheursbedrijf, stuurde hem begin jaren negentig naar Israël, waar hij bij de veiligheidsdienst Shin Beth een driejarige opleiding volgde. 'Het leren van Hebreeuws was zo'n beetje de enige ontspanning,' vertelde hij. 'Verder was het beulen en afgebeuld worden. Lieten ze je om tien uur naar bed gaan, was je net in je eerste slaap en dan maakten ze iedereen weer wakker. Hup, twee kilometer lopen. Dan weer slapen en hup om halfdrie er weer uit. Ik was mijn persoonlijkheid volledig kwijt.'

Eenmaal terug gold Loek als een van de beste persoonsbeveiligers van Nederland. Een van de vips die hem inhuurde was Pim Fortuyn, enkele weken voor zijn dood. 'Het is puur idealisme dat ik Lelylaan erbij doe,' zei hij. Toen ik met hem patrouilleerde over het perron sprak Loek over de overeenkomsten tussen 'de Palestijnen daar' en 'de Marokkanen hier'. Als hij Hamidou en zijn groep op het perron ontwaarde – ze hadden hun territorium verlegd naar Duivendrecht, Leiden en Den Haag en gebruikten Lelylaan als verzamelpunt – brulde hij ze vaak iets toe: 'Jullie zijn een beetje laat vandaag, wel een beetje discipline hè.'

Op zaterdag 18 mei 2002 had Loek samen met Abdel dienst. Tegen het eind van de ochtend arriveerde een trein uit de richting Sloterdijk. De deuren schoven open en de twee zagen Abdel A. en nog een jongen uit de groep staan. Een seconde later sprintte Abdel A. met de aan een Amerikaan uit Florida toebehorende tas naar buiten. Halverwege de trap kreeg Abdel zijn naamgenoot te pakken. Deze wierp de tas terug op het perron, in de hoop dat zijn collega er nog iets mee kon. 'Uiteindelijk wist ik ze alletwee beet te pakken,' zegt Abdel. 'Maar ik had die week met kickbokstraining een spiertje in mijn biceps verrekt waardoor ze zich wisten los te rukken.' Abdel wilde hen laten lopen. 'Toen grepen ze opnieuw die tas. "Daar hebben wij voor gewerkt," riepen ze.' Beneden maakte Abdel hen opnieuw de tas afhandig. De jongens leken af te druipen, maar nog geen minuut later raasden ze op een scooter op Abdel af. Abdel A. hield een mes in de lucht. Abdel: 'Ik heb die jongens nooit serieus genomen. Ze hebben te veel films gekeken. Ik heb hem uitgelachen en gezegd dat hij moet oppassen.'

Een surveillancewagen van bureau Meer en Vaart arriveerde, de rovers waren al verdwenen. Abdel: 'Er bleek niks in die tas te zitten. Wat vuile was en een lelijke mobiele telefoon.' De agenten verzochten Abdel aangifte te doen. Hij weigerde. 'Het leek mij beter dit eigenhandig op te lossen.' Abdel wist uit welke hoek de messentrekker afkomstig was. 'De neef van Abdel A., die ook bij de groep hoort, Ahmed, heeft een oudere broer, Farid, die ik ken. Ik heb hem opgebeld en uitgelegd wat er was gebeurd. Hij schaamde zich diep en zei de familie te zullen inlichten. Ik werd nog opgebeld door de moeder van Abdel A. die duizendmaal excuses aanbood. Z'n vader zou hem wel straffen.' Loek was teleurgesteld toen hij vernam dat z'n collega geen aangifte wilde doen. 'Als je in zo'n privé-conflict verzeild kunt raken, moet je niet hier op Lelylaan gaan staan,' vond hij. Abdel: 'Als ik aangifte had gedaan, zou er een kleine oorlog binnen de Marokkaanse gemeenschap in West zijn uitgebroken. Dan zouden ze mij als verrader zien en tegelijkertijd zouden mijn oudere broers ervan weten. Mijn broers zijn geen lekkere jongens, vooral de oudste niet.'

Loek deed wel aangifte. Toen hij maandag, twee dagen na het incident, Abdel A. doodleuk op Lelylaan in een trein zag stappen, rekende hij hem hardhandig in. De jongen werd opgeborgen in de cel van de spoorwegpolitie op het Centraal Station. FUCK HOLLAND, AFZ. MAROKKO, stond er aan de binnenkant van die deur gekerfd. Omdat Loek niet met het mes was bedreigd en er bovendien geen heterdaad was geconstateerd, stond Abdel A. enige dagen later weer op straat. Abdel van To Serve and Protect kwam hem onlangs op Sloterdijk tegen. 'Hij werd vuurrood en keek naar de grond.' Toch zal hij doorgaan, wist Abdel. 'Hij is niet hard genoeg gestraft. Dat komt omdat hij geen broers heeft. Als je vader je straft trekt-ie een beetje aan je oren en duwt hij wat. Broers trappen je echt verrot. Het is gewoon een verwend jong, ik blijf hem in de gaten houden.'

Na deze wedkamp keerde de rust op Lelylaan weer. Marvin Irion was woedend dat hij niet uitgenodigd werd voor de persconferentie. 'De naam van mijn bedrijf is helemaal niet genoemd,' zei hij. Enkele weken na het incident ging ik nogmaals op pad met de geheime spoorwegbrigade. Ik zag de bandietenleider en de tweeling B. bezig op Amsterdam RAI en op Zuid/WTC. Het 'waterbedeffect' heet dat in politiejargon. Je duwt hier en het stijgt daar.

ZELOTEN

De stigmata van Agatha

In de bossen even buiten Valkenswaard – de Dommel en de Tongelreep stromen er zuidwaarts richting Belgische grens – kronkelt een landweg afgelegen boerenhoeves aan elkaar. In een bocht maakt zich een grindpad los, dat na een gietijzeren toegangspoort uitkomt op een kaalgekapt terrein. Honden houden de wacht bij een imposante houten kapel, compleet met klokkentoren en kruisteken. Dakpannen, kunststof regenpijpen, matglazen ramen; het bouwsel is fonkelnieuw. Een tuinlamp schijnt op een portret van de Heilige Maagd Maria. Ze balanceert op de aardbol en toont zegenend haar handpalmen.

In het landhuis achter de kapel woont Martien van der Palen. Samen met Agatha, zijn uitheemse vrouw, en elf kinderen. Vijf zijn er van hemzelf, zes van zijn overleden broer. In 1965 meldde de geboren Valkenswaarder zich aan bij de Missionarissen van het Heilige Woord. Hij vertrok als lekenmissionaris naar Papoea-Nieuw-Guinea, waar hij belast was met de bouw van staties. Begin jaren zeventig werd Martien gestationeerd in het onherbergzame territorium van de Skinwiwa-stam. Een priester kwam daar slechts eenmaal in het halfjaar. De bisschop gelastte Martien de dagelijkse geestelijke verzorging voor zijn rekening te nemen.

Hoewel hij nooit de Eeuwige Gelofte had gedaan, verzorgde hij diensten, preekte hij, gaf hij godsdienstonderwijs en bereidde hij communies voor. Ongehinderd ook gleed zijn oog over de vrouwen. Elke dag zag hij hetzelfde jonge meisje haar zieke moeder naar de rivier torsen, om haar te wassen. Onder de indruk van die deugd vroeg hij haar hem te trouwen, wat geschiedde. In Nederland betrokken ze het huis van Martiens overleden broer, even buiten Valkenswaard. Het was krap en het kindertal steeg. Een vergunning voor een tweede huis liet lang op zich wachten. Onder het bidden van zijn rozenhoedje verzuchtte Martien op een dag: 'Maria, as ik de vergunning krijg, dan bouw ik een kapelleke vur oe.'

Toeval of niet, toen Martien in januari 1999 met de bouw van de kapel begon, was Agatha iets wonderbaarlijks overkomen. 'Vijftien jaar geleden is het eigenlijk al begonnen,' vertelt Martien in de serre van het landhuis. 'Agatha had een droom die ze bij het ochtendgloren vertelde. Maria stond aan de overzijde van een ravijn in een prachtig helder schijnsel. Ze zei: spring, mijn kind. Agatha zei: hoe kan ik dat nou? Er verscheen een springplank. Agatha ging erop staan en zweefde in de armen van Maria.' Maria sprak *pidgin-English*, de algemene taal van Papoea-Nieuw-Guinea. Agatha, die erbij komt zitten, is het Nederlands maar nauwelijks machtig. 'Het voorval waren we ras weer vergeten,' gaat Martien verder. 'Agatha kreeg in de loop der jaren steeds meer last van haar knieën, is het niet, Agatha?' Agatha knikt. 'In 1995 kon ze geen stap meer verzetten.'

De Valkenswaardse huisarts Paul Schulte verwees de ongelukkige door naar een orthopeed. In zijn vrije tijd dreef deze Schulte een gebedsgroep, die toegewijd was aan de Heilige Maagd Maria en de Aartsengel Raphaël. Martien en Agatha, uiterst godsvruchtige patiënten, waren bij de groep aangesloten. Vorig jaar zomer reisde de gebedsgroep af naar Amsterdam. Aanhangers van Ida Peerdeman, een eenvoudige Amsterdamse die in de jaren vijftig een Mariaschilderij in de Thomaskerk tot leven zag komen, verdeelden honderd replica's van het bewuste doek. Mia Stee, ook in de serre aanwezig, is penningmeester van de Valkenswaardse groep. 'In onze gebedsgroep ging er ook een in omloop. Van zaterdag tot zaterdag mocht eenieder van ons het in huis hebben. Martien en Agatha kregen het als eerste. Zij hadden het zwaar, Agatha kon niet meer lopen. Bovendien was Rosa, een van de elf kinderen, spoorloos verdwenen.'

Met het schilderij in huis schrok Martien op een nacht wakker. Agatha was uit bed. 'Ik liep naar de kamer. Ze lag op kussens vredig voor het schilderij te slapen. De volgende ochtend kon ze weer lopen!' Een week of wat later organiseerde het opgebeurde stel een barbecue. Maar: 'Agatha wreef constant over haar been. Na afloop zag ik dat de geselstriemen gekomen waren. De hele nacht ging het door. De dagen erop zijn gapende wonden in handen en voeten ontstaan. Een gekerfd kruis kwam op haar wreef. Op haar voetzool stond "bid" geschreven.'

59 dagen lang bleven de stigmata komen. De sporen zijn nog steeds zichtbaar: striemen, gezwellen en

bloedkorsten. Agatha doet haar sokken uit en toont de etterende builen. Op haar hoofd bij de haargrens zijn littekens zichtbaar. 'Van de doornkrans,' zegt Martien die alles met zijn eeltige vinger aanwijst. Hij pakt er foto's bij. Een badkuip vol bloed, besmeurde plavuizen, Agatha op elk kiekje heviger verminkt. 'Ik was boomkweker,' zegt Martien. 'Sinds september heb ik niks kunnen doen. De hele dag ben je met dat bloeden in de weer.' Op 17 oktober spuit het zo hevig te voorschijn dat Martien Agatha in zijn paarse terreinwagen naar het Eindhovense Sint-Jozefziekenhuis rijdt. 'Op de operatietafel scheurde een verse wond open, het bewijs van de hemel aan de wetenschap dat ze hoogmoedig en beweterig is. Dat zei ik de artsen ook. Die wilden ons doorverwijzen naar een psychiater. Ik heb Agatha meteen weer meegenomen.'

De Heilige Maagd bleef veelvuldig verschijnen. Agatha bracht nauwkeurig verslag uit. Martien haalt de ringband te voorschijn waarin hij het allemaal heeft genoteerd. Anders dan in Lourdes en Fatima is de Troosteres der Bedrukten in Valkenswaard in verschillende uitdossingen gesignaleerd. De ene keer in blauwe mantel met roze strik, de andere keer in wit kleed met gouden sjerp, soms getooid met een gouden kroon belegd met edelstenen. 'Maria is een vrouw en vrouwen willen er telkens anders uitzien,' zegt Martien. Om 'hard bewijs' te kunnen verkrijgen heeft hij Agatha gezegd Maria naar haar identiteit te vragen. 'De Vrouwe zei: "Ik ben de Moeder van Alle Mensen. Ga verkondigen dat ze stoppen met abortus. Iedere abortus is een nieuwe geseling van mijn zoon. Als ze niet stoppen zullen ze zweren krijgen, zoals in de Openbaringen beschreven staat." Agatha hoorde het huilen van vermoorde kinderen. Sodom en Gomorra is verschrikkelijk geweest, deze tijd is erger.'

Ook duivels verschenen. 'Agatha werd naar de keuken gedreven. Ze moest van alles eten, ook bedorven vis. Ik hoorde gestommel en vloog erop af. Door mij waren ze verdwenen. Ik zag nog een krop sla door het luchtledige vliegen.' Martien stelde de gebedsgroep niet direct op de hoogte. Mia Stee: 'Op een keer liep er bloed door haar kous. Pas toen heeft Martien het verteld. Iedereen voelde zich bevoorrecht.' Een keer mocht Mia de kruisiging meemaken. 'Agatha lag op de canapé, met de armen strak omhoog. Van pijn schudde ze vreselijk met haar hoofd. De kinderen waren er ook bij. Ik probeerde haar voeten van elkaar te trekken. Geen beweging in te krijgen. Ze heeft ook de wonden gekregen van de stenen die naar Christus geworpen zijn.'

Op het concilie van Efeze in 431 werd Maria uitgeroepen tot 'Theotokos', Moeder Gods. Als vergoddelijkt mens kwam zij op gelijke hoogte met haar zoon. Omdat de bijbel over haar leven slechts mondjesmaat uitwijdt, is er in de loop der eeuwen veel fantasie aan te pas gekomen om haar persoon cachet te geven. Op een aantal plekken binnen de katholieke gemeenschap kreeg al te ongebreidelde Mariaverering, ten koste van de traditionele Jezusdevotie, vaste voet aan de grond. Begin dertiende eeuw vestigde zich in de Brabantse Kempen een Duits Hospitaalbroederschap, dat door Arabieren uit Jeruzalem was verdreven. De broeders waren verzot op hun patrones die op de plek van hun

Jeruzalemse hospitaal na de kruisdood van haar zoon een toevlucht zou hebben gevonden. In het Brabantse dorp Handel bouwde de orde een aan haar gewijde kapel.

De eenvoudige Brabanders waren diep onder de indruk toen zich bij de Lieve Vrouwe van Handel wonderbaarlijke genezingen begonnen voor te doen. Tot ergernis van de gevestigde zielenherders was Maria in de streek van varkenshandelaren en keuterboertjes in aanzien al vlug boven God verheven. In 1499 werd een Onze-Lieve-Vrouwe-Broederschap opgericht. Volksvermaak nummer één was het 'kruisslepen': als bijbelfiguren uitgedoste Kempenaren trokken zingend en rozenhoedjes biddend langs de talloze Mariakapelletjes. Op steeds meer plekken in de Brabantse Kempen werd van Mariaverschijningen melding gemaakt. Handel groeide uit tot een bedevaartsoord. Vanuit Valkenswaard vertrekt nog steeds elk jaar een processie naar Handel. Ondanks het Tweede Vaticaans Concilie ('62-'65), waarin overdreven Mariadevotie werd veroordeeld, blijven de Brabanders van de Kempen liever weesgegroetjes uitslaan dan onzevaders.

Pastoor Frits Ouwens van Veldhoven heeft een brief gestuurd naar het bisdom in 's-Hertogenbosch, waaronder Valkenswaard ressorteert. Het Valkenswaardse pastoraat zwijgt. Ouwens: 'Ik vind dat er snel een onderzoek gestart moet worden. Er spelen zich daar lugubere dingen af. Parochianen die er vlakbij wonen hebben dat bevestigd. Achter in mijn kerk heb ik al meermalen prentjes van de beweging gevonden.' Een aanzienlijke groep gelovigen laat zich volgens de priester door Martien, dokter Schulte en leden van de gebedsgroep in de kapel hersenspoelen. 'Als een geval van stigmata zich voordoet, laat de massa zich eenvoudig misleiden.' Ouwens gelooft best in Maria en ook wel in stigmata. 'Pater Pio, Bernadette Soubirous van Lourdes en Fransiscus van Assisi: prima. Dit is oplichterij. Ze strijken een hoop geld op door mensen te laten offeren. Ze hebben zelfs een apostolaat opgezet om haar stigmata te promoten.'

Achter de beweging gaat de stichting Vaders Huis Is Moeders Toevlucht schuil. Geestelijk leider van de Agatha-beweging is priester Buijens uit Lith. Ouwens: 'Mijn lieve God, daar heb ik mee op het seminarie gezeten. Hij trapt ook overal in.' Bisschop Hurkmans van 's-Hertogenbosch laat 's anderendaags weten de verschijning in Valkenswaard 'ten stelligste' af te keuren. Ouwens neemt er geen genoegen mee. 'Ik vind dat het bisdom de zaak serieus moet onderzoeken. Anders blijven ze goedgelovige katholieken bij de neus nemen.'

De zon is tot vlak boven de dennenbomen gezakt als Martien de klokken voor de dagelijkse gebedsdienst luidt. Met auto's en fietsen stromen de katholieken toe. 'Ik heb ervan horen vertellen,' zegt Gérard van Asten uit Valkenswaard. 'Het is wel interessant zo, d'n rozenhoed bidden. En hier kende ge altijd terecht, in het dorp zijn de kerken op slot.' Vanuit de tuin knikt een gelukzalig grijnzende Agatha de gelovigen toe. 'Zij heeft Maria gezien, hè?' zegt Van Asten. 'Het is toch sterk hè? Ik ben echt gelovig, ja ik geloof dat wel. Ik heb thuis een Mariabeeld staan, kijk ik of ze knikt of zo, maar niks hoor. In het dorp zeggen anderen: wa'n flauwekul. Moar steeds meer komen er kijken en zijn dan toch overtuigd.'

Pelgrims laten de gerimpelde vingers in het wijwaterbakje verdwijnen en slaan natte kruizen. Prijzige *devotionalia* vinden gretig aftrek. De twintig bankjes zijn snel gevuld. Rozenkransen worden van de knaapjes gehaald. Het altaar is versierd met portretten en sculpturen van de Heilige Maagd, geflankeerd door wakkerende votiefkaarsen, palmtakken en zonnebloemen. Martien leidt de gebedsdienst. Hij zet in: 'In Valkenswaard verschenen is de Moeder van God. Zij leert ons te leven naar Jezus' gebod.' Een organist ontlokt zoetsappige klanken aan een ontstemd orgeltje. Agatha sluit af en toe de ogen en vibreert opvallend. Martien prevelt het rozenkransgebed, herhaalt het extatisch. Het zaaltje dreunt hem na: 'Dat de mensen mogen inzien dat de pijniging van ongeborenen opklimt naar het hart van Maria. Laten we bidden voor de bekering van de zondaars.' Een Belgische pater hangt een stool om zijn nek en spreekt de zegen uit. Na afloop gaan enkelen bij hem ter biecht.

Aan de koffietafel in het voorportaal doen leden van de gebedsgroep verslag van de mirakelen waarvan zij getuige zijn geweest. Mia Hoogmoet: 'Wij zaten te bidden bij vrouw Verschuren toen Agatha ineens opstond.' Corry Wigmans: 'Ze deed achter haar broek uit, d'r benen zaten onder de striemen. Een andere keer is ook pater Pio verschenen. Agatha had de deur voor hem opengezet.' Diny Slenders: 'Ik kon het niet vatten, 's nachts sliep ik er niet van.' Willy Raaijmakers: 'Ook is d'n engel Raphaël geweest. Volgens Agatha precies boven mijn hoofd. Agatha raakte in extase en liet haar rozenkrans vallen. De engel zei: raap op.' De leden van de gebedsgroep gaan nog wel gewoon ter kerke. 'De pastoor is er erg op tegen. We moesten op de pastorie komen, toen heeft hij ons gewaarschuwd. In de geschiedenis is dat al vaker gebeurd. Wij zijn getuige van iets heel groots, na de gebedsgroep gaan we ook bevrijd naar huis. Dat is in de kerk allemaal niet.'

In Adventtijd 1995 is dokter Paul Schulte met de gebedsgroep begonnen. Totdat Agatha de stigmata kreeg was het een beperkt gezelschap. In zijn woning, de volgende dag, toont Schulte de garage annex wachtkamer waar de eerste sessies plaatshadden. 'Thomas wilde ook niet geloven, totdat hij zijn vingers in de wonde stak. Mensen zijn kopschuw. Ze hebben tekenen nodig om te kunnen geloven.' Koffieadem, zijn grote blauwe ogen staan wijdopen. 'Het leven in de moederschoot dient beschermd te worden. Dat heb ik in mijn praktijk ook altijd uitgedragen. Vrouwen die wilden aborteren bracht ik op andere gedachten. De pil weigerde ik voor te schrijven.' Schulte werd door het Medisch Tuchtcollege berispt. In 1995 sloot hij zijn praktijk. Hij wijdde zich volledig aan Maria en zijn gebedsgroep. Hij is blij dat de Mariabezoeking, compleet met stigmata, zich uitgerekend in zijn gebedsgroep heeft mogen voordoen.

Na mijn bezoek aan Valkenswaard bleven parochianen toestromen om het wonder te aanschouwen. Telkens als de aartsengel Raphaël een aankondiging deed, stelden dokter Schulte en Martien het hele dorp op de hoogte. Dan zat de kapel vol op het moment van bezoeking. Iedereen hield de adem in. Agatha knielde en viel in diepe zwijm. Fel licht. De houten muren weken uiteen. De Heilige Maagd glimlachte naar Agatha. Ze spraken dan enkele minuten.

Kerk en gemeente zonnen op maatregelen maar juridisch leek er niets te ondernemen. Totdat een wakkere ambtenaar op het gemeentehuis ontdekte dat de bouwvergunning ondeugdelijk was en ze Martien konden dwingen de toren van z'n heiligdom af te breken. 'Al moet ik de hele kapel afbreken, de diensten zullen doorgaan,' tierde hij. In 2002, toen de toren eraf gehaald was, overleed Agatha. Het gonsde van de geruchten. De schouwarts inspecteerde het lichaam nauwgezet maar kon niet anders dan een 'natuurlijke dood' vaststellen. Zonder Agatha vonden de parochianen er weinig meer aan. Martien ging even over de grens in België wonen. Heel af en toe kwam hij nog een dienst verzorgen. In de zomer van 2003 zette hij het complex te koop.

Solo op zee

De noordoostpassaat drukt met twintig knoop een stevige bolling in het grootzeil. Aan lijzijde spuit het water langs de kuip, zo schuin ligt de boot. De steiger in Bermuda met vrienden die haar hoofdschuddend nazwaaien, is snel uit het zicht verdwenen. Er is alleen nog azuurblauwe vlakte. Ze trekt een extra rifje in het zeil. 'Er is wel eens gesuggereerd dat ik met mezelf in het reine wilde komen,' zegt Jacqueline Bakker in de veilige luwte van een terras met parasollen. 'Dat ik psychische problemen te verwerken zou hebben of gebukt ging onder een persoonlijkheidsstoornis. Ik heb ooit eens gefrustreerd uitgeroepen: ik moet en zal die oceaan over. Dat maakt me toch nog geen patiënt?'

Als ook de laatste dolfijn de achtervolging staakt komen de wolken tot leven. Verwrongen monsters met duivelse tronies. Aan de horizon, waar wolk en zee elkaar raken, ziet ze plotseling een schip varen. Ze knippert met haar ogen en rent naar de marifoon om radiocontact te leggen. Antwoord blijft uit. Als ze opnieuw de horizon aftuurt is het schip nergens te bekennen. Bakker: 'Ik wist dat ik zou gaan hallucineren. Maar omdat ik nog niet zo lang onderweg was, leek het me aannemelijker dat het een spookschip was geweest. De kustwacht onderschept af en toe spookschepen. Alles lijkt dan in orde. De zeilen zijn gehesen, het roer staat goed, alleen: er is niemand aan boord.'

In zo'n geval betreden de kustwachters het vaartuig en gaan op zoek naar het logboek, het scheepsjournaal waarin de zeiler positie, koers, snelheid en waarneming noteert. Vaak is dan de laatste zin: ik ga nu even een duik nemen. Bakker: 'Ik zou nooit gaan zwemmen. Hoe verleidelijk het ook is, een gigantisch bad voor jou alleen. Zelfs als je de zeilen strijkt of een touw om je middel bindt kan het misgaan. Op open zee kan in een mum van tijd een fikse bries opsteken die je schip tientallen meters wegblaast, harder dan jij zwemmen kunt. Is er een gruwelijker dood denkbaar?'

De eerste avond zinkt de zon adembenemend mooi in zee. 'Een prachtige show helemaal voor mij alleen.' Nog voor de zon helemaal onder is, kleurt de hemel zwart, alsof leviathan een reusachtige inktpot heeft omgestoten. Hels onweer barst los. Oorverdovende donder. Verblindende bliksemschichten ontladen zich gevaarlijk dichtbij in de schuimende golvenkoppen. Bakker: 'De zee was veranderd in een bewegend berglandschap. Ik raakte in paniek, met de handen in het haar vloog ik het schip door. Ik dacht: nuchter zijn of je bent er geweest. Ik kalmeerde en besefte dat direct alle apparatuur uitgeschakeld moest worden. Ik dacht dat het spookte toen de radio even later tot twee keer toe weer aansprong. Komt door het weerlicht, stelde ik mezelf gerust.'

Een paar keer moet ze het grootzeil reven. 'Ik was er vast van overtuigd dat ik het niet zou overleven. Ik schreeuwde, jankte, brulde als een bezetene. Ik zag de kop van een kort krantenbericht voor me: "Solozeilster overleeft oceaanoversteek niet". Daarna voltrok mijn eigen begrafenis zich voor mijn geestesoog. Ik zag het zwarte marmer van mijn grafsteen en een berg langzaam verwelkende bloemen. Vrienden en familie waren verslagen, ze realiseerden zich dat ik nooit meer terug zou komen. Ik riep de weergoden aan, smeekte hen mijn bootje heel te laten.'

In juni 1997 zag ze in een haven in Curaçao de boot voor het eerst liggen. 'Ik bewonderde haar lijnen, klassiek met een fraaie zeeg, laag vrijboord. Er zat een professionele windvaan op, een radio-ontvanger en een zonnepaneel. Ik was op slag verliefd en wist dat met deze boot de Atlantische Oceaan over te steken was.' Na een tijdje zakte de vraagprijs en kocht ze de boot. Ze doopte die Pro, een afkorting van het Engelse *propinquity*, dat zoiets als 'nabijheid, nauwe verwantschap' betekent. Pro ging op de kant en kreeg nieuwe onderdeks verstevigde verstaging, elektronische apparatuur en een reddingsvlot. Er kwam een mooi nieuw teakdek op en er werden zelfklemmende schootlieren gemonteerd. 'Alles liep ik na en alles leek in orde. Ik had de boeken van beroemde solozeilers als Joshua Slocum, Tristan Jones, Claire Francis en Eric Tabarly de jaren ervoor al verslonden. Niets stond de oversteek nog in de weg.'

Het is merkwaardig kalm de volgende ochtend. Ze tapt een glaasje water uit de 120-litertank en neemt tevreden een slok. Het lijkt of de storm alle wind op de wereld verbruikt heeft. 'Ik had een inferno overleefd waar je je als landrot niets van voor kunt stellen. Dat ik me verzoend had met de mogelijkheid dat ik dood zou gaan, gaf ontzettend veel rust. Ik bedankte Pro en ging grondig haar dek schrobben. Daarna nam ik zelf een bad, ik stopte de loosgaten dicht met omgekeerde bierflesjes en liet de kuip vollopen. 's Avonds las ik met schone kleren aan Slauerhoff. Ik gunde mijzelf één nummer van de Eric Clapton-cd. Omdat de motor kuren had kon ik alleen stroom tappen uit het zonnepaneel. Eigenlijk had ik die veel te hard nodig voor de marifoon en de navigatielichten.'

Logboek: '*22 juni 1998: 12.40 uur UTC, 3155'N, 5336'W, log 1673 nautical miles, kompaskoers 80, barometer 1022, wind Z-7. Het waait hard, erg hard, een front, want de barometer valt niet, maar ik ben niet gerust. Meer fok weg. Ik ben bang dat er iets kapot gaat, nog even en dan gaat ook het grootzeil met het derde rif eraf. Een paar uur later: de wind gaat ietsje liggen (Z-5); gelijk weer zingen! Strakjes brood met speculaasjes.*'

De datum moet ze met hulp van de radio telkens weer opzoeken. 'In het gewone, georganiseerde leven vormen de dagen van de week een cirkel in mijn hoofd. Zoals de dagen in een agenda na een week opnieuw beginnen. Op zee is dat niet. De tijd is er geen cirkel meer maar een lange rechte lijn. De dagen vallen weg.' Ondanks het feit dat het schip is uitgerust met een zelfstuursysteem – de windvaan staat in verbinding met het roer – is slapen onmogelijk. 'Al is op het moment dat je je ogen sluit in de verste verte geen schip te bekennen, na een halfuur pitten kun je geramd worden. De horizon is maximaal vijf mijl verwijderd. Mammoettankers op de oceaan varen zo'n twintig knopen. Ze kunnen binnen een halfuur bij je zijn.'

Er zijn gevallen bekend van boten die ineens verdwenen zijn, die nooit meer worden teruggevonden. Waarschijnlijk zijn ze tegen een tanker opgevaren. De bemanning merkt er niets van en klaverjast vrolijk verder. 'De radar van vrachtschepen is niet fijngevoelig genoeg om kleine zeilschepen op te merken. Ik was dus gedwongen elk halfuur de zee af te speuren.' Hoe beducht ze ook is voor andere schepen, als er eentje aan de einder verschijnt vult dat haar met warme gloed. 'Direct zocht ik via de marifoon contact. Om bevestigd te worden in mijn bestaan. Want soms twijfelde ik of ik er nog wel was. Van elke boot die ik zag wist ik dat het waarschijnlijk voor lange tijd het enige teken van leven zou zijn. Je mag niet voor niks oproepen, dus vroeg ik altijd om het weerbericht, als opstapje naar een gesprek. Het is menselijk, je wilt je zorgen delen. Die weerberichten had ik meestal zelf al. Doorgekregen van de Amerikaanse kustwacht. Daar zat een zekere Herb die het weerbericht voorlas en vertelde wanneer ik het beste een trog kon oversteken. Herb was mijn beschermengel.' Hoe hopeloos ook, nooit verklapt ze aan een passerend vrachtschip dat ze solo vaart. 'Een jonge Hollandse vrouw alleen in een zeilboot midden op de oceaan... Die grote tankers zijn gevuld met minstens twintig zeebonken die al maanden van huis zijn.'

Logboek: '*1 juli 1998; 15.15 uur UTC, 3500'N, 3741'W, log 2398 nautical miles, kompaskoers 20, barometer 1023, wind; variabel (eigenlijk geen wind...). We liggen gigantisch te rollen, met slaande zeilen. Ik rol mijn bed uit. Weer een muziekje, al moet ik uitkijken met de accu's. Grote onweersbui ten zuiden van me. Hopelijk slaat-ie ons over. Grote natte troep binnen, pannenkoeken gebakken, straks opruimen. Potverdrie, ik wil wel 5 juli op de Azoren aankomen. Ik schrik me wild als ik via Herb op de radio hoor dat de Bandung wordt vermist. Wat, die ken ik toch? Wat zal er gebeurd zijn?'*

De hallucinaties verergeren. Ineens zit er iemand bij haar in de boot. Het is Bernie, een onooglijk mannetje met een valhelm dat ze in Bermuda door de haven heeft zien sluipen. Terwijl Bernie door haar schip struint, klinken er ook raadselachtige geluiden, hondengeblaf en mensen die haar roepen. 'Om de waanzin het hoofd te kunnen bieden ging ik met mezelf in gesprek. Ongemerkt ging dat over in conversaties met onderdelen van de boot. Je bent alleen, hield ik mezelf voor. En Cor, Isabel, Rudolf en Truus dan? vroeg ik me dan meteen af. Cor was een handig mes met talloze functies. Isabel was de windvaan, vernoemd naar een Franse solozeilster. Rudolf was de motor en Truus de elektrische stuurautomaat. Tegen Cor was ik altijd aardig, hij kwam altijd van pas. Ondanks het feit dat ik veel aan ze heb moeten repareren deden Isabel en Truus ook goed hun best. Rudolf daarentegen heb ik verrot gescholden en hard geschopt. Hij wilde niet starten. Achteraf bleek dat hij op hol was geslagen omdat hij op diesel in plaats van olie had gelopen.'

Het schemert en de wind neemt af. Verveeld eet ze gemberkoekjes. Als de maan recht boven de zee staat, ligt de boot volkomen stil. Aan de kim gloort iets. Een schip dat rap naderbij komt. Ze springt op en grijpt de marifoon. Geen antwoord! De roodgroene boordlampen komen recht op haar af. Tevergeefs probeert ze Rudolf aan de praat te krijgen. In opperste wanhoop richt ze de bundel van een schijnwerper op haar zeil. Ze bidt om wind, al is het maar een briesje. Onverstoorbaar stoomt de tanker door. Ze haalt lichtkogels te voorschijn, schiet ze in paniek rakelings langs het zeil. Even is de nacht wit. 'De tanker kwam zo dichtbij dat ik dacht dat het met me afgelopen was. Er kwam water de kuip binnen, we gingen schuin. Ik deed mijn ogen dicht en wachtte op de klap. Minuten gingen voorbij maar de klap bleef uit. Pas toen de tanker uit het zicht verdwenen was, durfde ik op te staan. De zee was mij genadig geweest.'

Logboek: '*5 juli 1998; 05.00 uur UTC, 3714'N, 3357'W, log 2650, kompaskoers 350, barometer 1030, NO-3 wind. Vanmorgen zelf gestuurd; raar, heb het idee op een hellend vlak te zijn – ben wat lucide. Alsof de zee een skipiste is, ik zeil zo naar beneden. We maken weer wat tempo, al vertrouw ik dat hogedrukgebied waar we nu middenin zitten niet echt. Het water is olieachtig en van vermoeidheid zie ik twee kleuren water, mijn linkeroog ziet meer blauwtinten dan mijn rechteroog.*'

'Ik had me kunnen laten sponsoren, een hoop geld kunnen opstrijken. Maar dat zou afleiden van de essentie: ik wilde weten hoe het is om lange tijd alleen te zijn op zee.' De tocht begint in februari, wanneer ze van Curaçao, waar ze vijf jaar heeft gewoond, naar

Antigua vertrekt. 'Van Antigua voer ik naar Bermuda. De oversteek van Bermuda naar de Azoren, meer dan tweeduizend mijl, was de grootste krachtmeting geweest. Met de zee en met mezelf. Het was een even afschuwelijke als fantastische ervaring. Je werd er raar van. Ik kwam erachter dat het niet menselijk is om in je eentje op zee te gaan zitten.' Existentiële vragen blijven haar onophoudelijk lastigvallen. 'De oversteek was een vorm van zelfkastijding geweest. Dat is blijkbaar een eigenschap van mij.' Weinigen geloofden dat ze het zou halen. 'Ze dachten dat ik om zou keren, of mensen aan boord zou halen tegen de eenzaamheid.'

Half juli komen de Azoren in zicht. Het laatste stukje wordt ze de haven in gesleept. Op de steiger staan de vrienden te wachten. 'Mensen, echte mensen. Ik kon het niet geloven. Overal lachende gezichten. Ik wilde rondlopen maar zakte vanwege de spierverslapping door mijn knieën. Nadat ik iedereen had omhelsd, viel ik in een diepe, diepe slaap.'

Terug in Nederland. Alles is veranderd. 'Nieuwe stoelen voor op het balkon interesseren me niet meer.' Ze wordt gevraagd om op te treden in een radioprogramma. 'Ze hadden er een psycholoog van de universiteit bij gehaald die verstand had van mensen die kicks zochten. Mensen die dat doen hebben een leeg leven, zei hij. Ik was met stomheid geslagen.'

Gewoon gezellig

Bij tante Suus in Amsterdam-Noord. De glazen deurtjes van het audiovideomeubel staan wijdopen. Dochter Zita richt de afstandbediening en drukt op *play*. Op het scherm verschijnt een zaal vol juichende mensen. In het midden wijken ze uiteen. Op een Harley-Davidson komt smartlappenchansonnier Frans Bauer langzaam op het podium af geprutteld. Iedereen probeert hem aan te raken, teddyberen en bosjes bloemen vliegen hem om de oren. Als hij het nummer 'Verloren' inzet, juichen ook de vier vrouwen op de bank in de huiskamer. Luid komt het sentiment de boxen uitgestroomd, op het dressoir rinkelen geëmailleerde beeldjes.

Tante Suus heeft haar ogen vol tranen staan. 'Ik had nog veel vaker gewild. Als ik niet zo ziek was... maar misschien dat we in februari... als dat toch eens...'

Zita: 'Ik heb een brief geschreven aan Frans, persoonlijk aan hem overhandigd. Daarin vertel ik het levensverhaal van mijn moeder. Ze is ernstig ziek, kanker heeft ze. Alle twee d'r borsten zijn eraf...'

Tante Suus: 'En aan de ene kant m'n lymfeklieren.'

Zita: 'In de brief vraag ik of hij het nummer "Waar je ook bent geboren" in februari op het concert in Haarlem wil zingen voor haar want dat nummer, dat hoort ze zo graag.'

Tante Suus: 'Zolang ik leef zal ik naar Frans Bauer luisteren. Ja echt, zolang ik er ben...' Weer wordt het haar te machtig.

Hennie slaat een arm om haar heen. 'Tante Suus, we rijden je gewoon in de rolstoel naar het podium. Fototoestel mee. Je bent echt niet de enige in een rolstoel.'

Zita: 'Ja mam, hij doet het vast. Hij heeft de brief in z'n binnenzak gestoken. Normaal wordt post van fans door de bodyguards aangepakt.'

Tante Suus blijft grienen. 'Ik heb het nu aan de andere kant ook in m'n lymfeklieren zitten en in m'n hersens. De dokters zeiden: dit hadden we niet verwacht maar maak ervan wat ervan te maken valt. Ze weten niet of het nog een halfjaar duurt of korter, of langer. Maar als ik sterf gaat Frans met me mee. Ik heb de muziek voor de uitvaart alvast klaar laten leggen. "Waar je ook bent geboren", dat nummer wordt als laatst gedraaid.'

Esther Postma en Zita Klene zijn hartsvriendinnen. Ze kennen elkaar van het werk. Zita: 'We werken op de vleeswarenafdeling van C1000. Ik kocht de eerste cd, *Op weg naar het geluk*. Toen is het zo'n beetje begonnen.'

Esther: 'Zij heeft mij verder aangestoken en ik haar.'

Zita: 'Frans Bauer is een lekker ding. Die schittering in z'n ogen, van die prachtige reebruine. En dat glanzende witte gebit.'

Esther zucht. 'Het is zo'n heerlijke vent.'

Met tante Suus en Hennie, de moeders die het ook goed met elkaar kunnen vinden, bezochten de vriendinnen bijna al zijn concerten. Nu tante Suus zo ziek is, gaan ze wat minder vaak. Gelukkig is er nog de *Live in Ahoy'*-videoband en een stapel cd's die ze gevieren toch wel eens in de week bij tante Suus bekijken en beluisteren.

Hennie: 'Het is anders dan wat tante Suus nu doormaakt, maar ik heb in mijn leven ook iets vreselijks meegemaakt. Daardoor ben ik Frans Bauer enorm gaan waarderen. Ik heb mijn beide ouders binnen vier dagen verloren.'

Esther: 'Mijn opa en oma.'

Hennie: 'Als ik dan zijn liedjes hoor vind ik zo veel steun, vind ik zoveel van mijn ouders terug. Wat hij zingt, ja zo is het leven eigenlijk ook. Die jongen zingt wat recht uit zijn hart komt. Als je nou "Verloren" hoort...'

Esther: 'Zingt-ie over z'n eigen vrienden die hij verloren heeft. En over een broer van z'n vriendin die dood is.'

Zita: 'Ondanks de carrière is hij z'n eigen gebleven, dat is ook het mooie. Dat hij bereikbaar is voor de gewone mensen. Voor hem is ieder gelijk. Hij heeft ook zoiets van: ik moet net zo goed werken voor m'n geld.'

Hennie: 'Als je bij 'm staat, na afloop van het concert. Voor iedereen maakt hij tijd. Al is het nog zo druk.'

Tante Suus: 'Als je goed luistert hoor je er zo veel waarheden inzitten. Je kan er ook zo veel kanten mee uit.'

Hennie: 'Het is tekst met inhoud. Toen met mijn ouders, ik had...'

Tante Suus: 'Nu ik weet dat ik afscheid moet nemen

put ik zo veel kracht uit "Op rode rozen vallen tranen". Daar zit zo'n hoop in. Als je dat hoort.'

De waterlanders biggelen opnieuw langs haar wangen. Op het scherm zet Frans Bauer het nummer 'Waar je ook bent geboren' in.

Zita: 'Het gaat over dat-ie in de woonwagen geboren is. Dat het niet uitmaakt of je arm of rijk bent.'

Esther: 'Als kleine jongen wilde-ie al artiest worden. Op z'n negende heeft-ie "Meeuwen in de wind" gemaakt. Hij ging de deuren langs om dat singletje te verkopen. De echte doorbraak kwam na zijn optreden in *All You Need Is Love*. Hij zong daar een liedje voor een meisje dat hij af had moeten wijzen omdat-ie al een ander had.'

Zita: 'En nu is hij ook goed aan het doorbreken in Duitsland. *Liebesbriefe*, de derde Duitse cd ligt nu in de winkel.'

Frans Bauer zet de beroemde hit 'Als sterren aan de hemel staan' in. Tante Suus voert het volume op. De kat springt van haar schoot. 'Hier, het refrein. Ongelooflijk, moet je horen. De zaal zingt harder dan hem.'

Esther wijst. 'Kijk, de eerste rij. Daar zaten wij.'

Hennie: 'En daar heb je z'n ouders. Die zijn zo trots op 'm.'

Zita: 'Toch is beroemd zijn echt niet alleen rozengeur, hoor. Voor die ouders is het niet makkelijk. Toen hij naar Oostenrijk moest…'

Esther: 'Ja, toen is-ie bijna neergestort. Hij gaat nooit meer met z'n privé-jet, heeft hij in *De Telegraaf* gezegd.'

Op het scherm is de hele zaal in polonaise gegaan.

Waddinxveen. De cd-wisselaar van Marjolijn Verboom zit volgestopt met Bauer-schijfjes. Met de afstandsbediening zapt ze vanaf de lichtroze leren bank het hele repertoire door. 'Bella Madonna', 'Samen naar Griekenland', 'Oma'. Elk nummer weet net weer die andere snaar in haar gemoed te bespelen, legt ze omslachtig uit.

Haar mooiste? Lang hoeft ze niet na te denken. 'Ik heb een wens'. 'Luister maar.' Haar ogen gaan toe. Kippenvel, de haartjes op haar onderarm gaan rechtovereind staan. Het begint met koperen orgelklanken. Bij de eerste stemverheffing gloeit de huiskamer op, komt het interieur tot leven, zou de plant wel willen zeggen: alles knus, geborgen, veilig hier. De honden Dingo en Rody zakken zuchtend naast haar neer, drukken de kop in haar schoot. 'Ik heb een wens. Een wens voor vroeg of laat. Dat ergens een plekje als in mijn droom bestaat,' zingt Frans Bauer. Ze is in trance, vertrokken op de wiekende vleugels van zijn suikerzoete stemorgaan.

Na vier minuten sterft het geluid weg. Ze opent haar ogen en kijkt alsof ze uit een omhelzing is losgerukt. 'Dat was 'm,' zegt ze en pinkt een traan weg uit haar ooghoek.

Na een tijdje: 'Vooral dat stuk na het refrein. "Waarom moet er in de wereld oorlog zijn, lijden elke dag zo veel mensen zo veel pijn," zingt hij dan. Dat zijn vragen waar ik zelf ook heel erg mee bezig ben. Denk ik van ja waarom zijn er zo veel mensen ziek? Waarom schieten ze mekaar af om niks? Waarom kun je 's avonds als vrouw niet alleen meer over straat? Waarom lopen we door als er iemand finaal in elkaar geslagen wordt? Waarom zijn er zo weinig Meindert Tjoelkers? Iedereen is maar op zichzelf. Wie kent z'n buren nog? Is dat dan de wereld waarin wij leven?'

Ze rent de trap op en komt terug met een aantal fluweelgekafte mappen. Op duur papier in insteekhoezen heeft ze alle teksten uitgeschreven. Trots begint ze te bladeren. Op een paar vellen achterin zijn de toegangsbewijzen van verschillende concerten waar ze geweest is geplakt.

'Ik ga altijd met mijn man. Ik ben huisvrouw, hij heeft een goede baan. Als boomkweker. We kunnen het ons permitteren. Hij houdt ook wel van de muziek. Zo'n concert als in Den Haag, je leeft in een andere wereld, gaf hij ook toe. Even afgesloten van de zorgen en het verdriet. Het is net of iedereen je kent, of iedereen familie van je is. Allemaal zijn ze zo open, of je ook lid bent van de fanclub willen ze weten. Sta je aan de bar op een colaatje te wachten begint er geheid iemand tegen je te praten.'

Ziet ze al die gehandicapte kindertjes zitten. 'Denk ik: jeetje, ik zit me 's ochtends druk te maken over wat ik aan zal trekken, hoe ik me op zal maken. Terwijl zo'n kind al blij is met een avondje ertussenuit. Voor zo'n kereltje is het werelds. Dat spreekt me aan, mijn hart keert om als je dat geluk op die gezichtjes ziet tijdens zo'n concert. Wij denken: nog mooier huis, nog grotere auto, nog meer geld. Jongens, jongens, waar zijn we mee bezig? Morgen kunnen we er niet meer zijn, voorgoed in een rolstoel belanden. Dat laat Frans ook zien, hij zet aan tot nadenken. Hij roept op tot verdraagzaamheid. Hoe hij het voor elkaar krijgt, ik weet het niet. Het is magisch. Kom je na afloop buiten, denk je: o ja er is ook nog een realiteit.'

Ze luistert elke dag naar minstens één cd en kijkt naar een stukje video, van een concert of van een programma waar Frans Bauer te gast was. 'Hoe vaak ik de muziek gehoord heb, honderd keer, duizend keer, het maakt niet uit. Het blijft leuk.'

Niet alleen leuk. 'Ik ben een hele goede vriend verloren. Die jongen heeft een auto-ongeluk gehad. Dan zingt Frans het nummer "Kon ik nog maar bij je zijn". Daar word ik heel emotioneel van. Zet ik hem lekker hard.'

De buren dan. 'Als die er last van hebben verhuizen ze maar. Hiernaast hebben ze vier kinderen, hoor ik ook wel wat van. Kan me niet schelen. 's Zomers buiten gaat Frans ook lekker hard. Mijn man heeft boxen in de rotsen rond het vijvertje gebouwd, heerlijk als je in het zonnetje ligt te braden.'

In Schiedam woont Leny Rietveld. Samen met haar vriendin Monique Mohsen geldt ze nationaal als een van de allertrouwste Bauer-fans.

Leny: 'Frans Bauer is zeg maar gerust de rode draad door m'n leven.'

Monique: 'Steun en toeverlaat, zeker weten.'

Leny: 'Het is voor ons even huisvrouw af zijn.'

Monique: 'Is de boel aan kant, bellen we Laura van de fanclub: hoi hoe is het, zeg, waar zingt-ie vanavond? En gaan we weer lekker naar Frans. Even de accu opladen zeggen we altijd maar.'

Leny: 'Het gezin staat voorop, maar minstens eens in de maand moeten we naar Frans.'

Monique: 'Emotioneel doet het ons gewoon heel veel.'

Leny: 'Mijn favoriete nummer is "Eens komt er een dag". De eerste keer dat hij dat zong, ik zat toen met een gigantisch probleem, keek hij me recht aan. Toen wist ik: eens komt die dag ook echt. Dat geeft hoop.'

Monique: 'Mijn favoriet is "Verloren". De vrolijkere nummers vind ik vooral lekker tijdens het soppen.'

Leny: 'Als ik blij ben draai ik "Viva holiday" of "Zet vandaag de bloemen even buiten".'

Na concerten komt Frans Bauer met hen altijd wel even een praatje maken, zeggen de twee. Monique: 'Hij kent ons persoonlijk. We mogen ook backstage.'

Leny: 'We geven hem altijd een paar sokken. Op de fanclubdag heeft hij ten overstaan van al die andere fans onze sokken aangetrokken. Een afgunst dat we toen ervaren hebben.'

Monique: 'Iedereen probeert zo'n band met Frans te krijgen als wij hebben. Andere fans zijn ontzettend jaloers. Woedende blikken krijgen we toegeworpen. Vooral van jonge meisjes met spaghettibandjes en korte rokjes. Wij zijn geen achttien meer. Toch hebben we iets heel speciaals met hem, zegt hij zelf ook altijd.'

Leny: 'Wij hebben zo veel gesigneerde foto's. Menigeen is er jaloers op.' Ze laten fotomapjes zien. Telkens Frans met dezelfde blinkende grijns die zijn armen over hun schouders heeft liggen.

Monique: 'Na het concert in Den Haag zijn twee bandleden verongelukt. Kwam hij naar ons toe de volgende keer dat we hem zagen. Om erover te praten. Doet hij echt niet zomaar met iedereen.'

Leny: 'Mij heeft hij met m'n twaalfenhalfjarig huwelijk een poster met gelukwensen gestuurd.'

Leny heeft Frans Bauer voor het eerst gehoord op een Schlagerfestival in Kerkrade. Leny: 'Ik was toen nog fan van Dennie Christian. Tot Frans Bauer het podium opkwam. Ik wist meteen: die gaat het maken.'

Monique: 'Toen heeft ze mij overtuigd en zijn we samen naar het concert in Vlaardingen geweest. Ik was gelijk verkocht.'

Leny: 'Toen "De regenboog" uitkwam, hebben we samen uren in de rij gestaan.'

Monique: 'En we hebben in een slaapzak gelegen voor Ahoy'. Een moordnacht was het.'

Op het tapijt strekt een langharige kat zich uit. De dames nemen een Frans Bauer-fotolijstje van de schouw en brengen het dicht bij hun gezicht.

Leny: 'Het is een hele normale jongen, maar een ontzettende lieverd. Hij komt ook uit een nestje waar de soep pruttelt en de koffie altijd klaarstaat. Zoals wij. Gewoon gezellig.'

Monique: 'Het is een heerlijk joch waarvan je hoopt dat het ooit je buurjongen wordt.'

Duivels leer op zondag

Een grijze zondagochtend. Uitlaat aan uitlaat staan honderdvijftig geestdriftig opgepoetste Honda Shadow-motoren op het krappe parkeerterrein van motorspeciaalzaak Safe, even ten noorden van Eindhoven. Ruig geklede en slecht geschoren mannen van voorbij de middelbare leeftijd en hun vrouwen, krioelen ertussen door. Op hun leren jacks zijn adelaars met grote klauwen genaaid. Uit het hele land stromen leden van de Shadow Motorclub toe om deel te kunnen nemen aan de Brabantse Kempen-tour die vandaag wordt verreden.

Division North arriveert. Die is vanochtend al om zeven uur uit Friesland vertrokken. Gejoel vlaagt op als de helmen van het hoofd gaan en haren worden uitgeschud. De ruim honderd kilometer lange tocht van vandaag zal gaan via Oirschot, Hilvarenbeek, Goirle, Gilze, Rijen, Dongen en tussenliggende buurtschappen naar eindpunt Geertruidenberg. Er zijn 150 motoren geteld. Als die gelijktijdig starten, ronkt het tot ver in de omtrek.

Nederland kent zo'n 250.000 actieve motorrijders. Met name de Japanse *custom*-modellen, een verflauwde weergave van het Harley-Davidson-concept, zijn steeds meer in trek. Bij aanschaf hebben velen de neiging zich maar meteen aan te sluiten bij een van de snelgroeiende clubs. Zoals de Shadow Motorclub, met 1860 leden de grootste choppervereniging van het land.

Shadow-rijder Rob Broekman is er al vanaf het begin bij. 'Onderbroekenhumor. Daar houden we van. Lekker slap lullen, niet hoeven nadenken.' In het dagelijks leven is hij werkzaam bij de PTT. Zijn vrouw Monique heeft een zakdoek om het hoofd gebonden. Ze werkt op de afdeling kwaliteitscontrole van het Centraal Boekhuis. Haar collega's kijken raar op als ze vertelt met de club op pad te zijn geweest. 'Een motorrijder is bij voorbaat veroordeeld. Ze denken dat vrouwen op zo'n club misbruikt worden.' 'We mogen er ruig uitzien, we hebben een goeie inborst,' zegt haar vriendin Jetty Holwerda. Zij is filiaalhoudster van een zonnestudio. Haar man John is huismeester van een woningcomplex. 'Ik houd m'n leren jas aan en de oorbellen in, hoor. Ik voel me eigen d'r happy bij.'

Ook Rob weigert in driedelig kostuum te lopen. 'Zeggen ze bij de post: ben je van het weekend weer met de asocialen op pad geweest?' 'Als Shadow-rijder blijf je toch een outcast,' zegt John. 'Het buitenbeentje van de maatschappij. En dat willen we ook. Ons afzetten. Geen huisje, boompje, beestje. Voor je ouwe dag zorgen, caravan erbij, jakkes. Nee, ik blijf liever in leer. Als ik in Haarlem door de Houtstraat loop, gaat iedereen voor me opzij.' 'Terwijl we geen vlieg kwaad doen,' zegt zijn vrouw. John: 'Ik ben het zwarte schaap van de familie. Maar de familie zit vastgeroest op het geijkte pad. Ik niet.' Rob: 'Ik deed vroeger al waar ik zelf zin in had.' John: 'Zij gaan links, wij gaan rechts.' Jetty: 'Doordeweeks zitten we in het keurslijf, aangepast aan de maatschappij. In het weekend kunnen we de emoties kwijt. Via het bindmiddel motor.' Rob: 'Dan komt de ware demon uit ons lijf.'

In een dichte nevel van uitlaatgassen vind ik Gerard Verschuren, een lasser uit Raamsdonk. Hij heeft plaats achterop. We bevinden ons in het midden van de groep die als een enorme winkelhaak om Safe Motors ligt geklemd. De helmen zijn opgezet, strakke gezichten wachten gespannen het vertrek af. Als de voorhoede al een tijdje uit het zicht is verdwenen kunnen wij in het midden op gang komen. Verschurens uitlaat ploft bij het schakelen. De man naast ons heeft een joker op zijn tank geschilderd. Hij steekt zijn duim op en claxonneert naar fietsers die van schrik de berm insturen. Het lint aan zijn stuur en de koordjes in zijn lederen rijgbroek wapperen woest. Stoplichten tellen niet. Vooruitgesnelde gidsen in felgekleurde hesjes hebben de kruispunten in bezit genomen en discussiëren met bestuurders als de troepen voorbij razen. 'Machtig gevoel hè,' brult Verschuren ter hoogte van Acht. Er is niemand op straat die niet even halt houdt. Honden rukken aan de riem. Achter de ramen houden verontruste bewoners de vitrage opzij.

De Shadow-rijder heeft over het algemeen een vaste baan. 'Kijk naar mij, ik heb een eigen zaak,' zegt clubsecretaris Arno Geerts. Penningmeester Michel Koot: 'Er zitten bij ons artsen en notarissen maar ook Jan de staaldraaier, alles door mekaar. Op het moment dat wij een bijeenkomst hebben is iedereen gelijk. Zie je ons rijden in die outfits, dan denk je hoe is dat nou in 's hemelsnaam mogelijk. De functies zijn vervallen.' 'Ik loop de hele week met een stropdas, heb een redelijk gerespecteerde baan. Zodra ik motorkleding aanheb, ben ik een heel ander persoon,' zegt voorzitter George Sanderson.

Het is meer dan rijden alleen. 'We hebben allemaal dezelfde hobby en dezelfde doelstelling. Ik kom uit het Utrechtse circuit, dat zit hele weekends bij elkaar,' zegt Koot, onlangs vroegtijdig gepensioneerd. 'En wij van South gaan om met lui uit Haarlem en Almere. Met Pinksteren zijn we weer met een man of zeventig in Luxemburg geweest,' zegt Geerts. 'Het is vaak een samenvoeging van allerlei vriendenclubjes,' zegt Koot. Sanderson: 'Waarbij we uitgaan van het principe van de massaliteit.'

Op een bepaalde leeftijd hoef je niet meer zo nodig op een wegracer. Koot: 'Het jongere spul rijdt meer op die Tupperware-bakken. Als je zo oud bent als wij kom je al heel gauw op een Chopper terecht.' 'De Shadow is een heel apart model,' zegt Sanderson. 'Een heel mooie motor.' 'Helemaal keurig afgewerkt,' zegt Koot. 'En een kwalitatief goede motor, ze komen uitstekend uit de tests. Je hebt er zelden of nooit iets aan,' zegt Geerts. 'Ik vat dat ding uit de kamer, want daar heb ik 'm staan, ja de eethoek heb ik ervoor weggebroken. Ik steek de sleutel in het contact en vroem daar ga ik.'

Voor ons zindert tot aan de horizon een rode gloed van achterlichten. In de spiegels fonkelen ontelbare koplampen. Als we ergens afslaan gaat er een oranje golf van knipperlichten door de stoet. Bij vliegveld Welschap begint het striemend te regenen, wind slaat in het gezicht. De helmen buigen tot op de tank naar voren. Onder viaduct Wispelhoef weerklinken diabolische echo's en uit de kelen stoten hoge kreten. Als geavanceerde bokkenrijders razen we door de Kempen. Weilanden en boerderijen. Schapen duiken angstig op een hoop. Paarden steigeren en hinniken hysterisch. Een boer balt zijn vuist op het erf. Tussen het schrikdraad rond het weiland draven zijn koeien op en neer.

Eén grote vriendenkring. 'Je weet niet wat je ziet. We zijn gouwe gozers,' zegt George Sanderson. 'Het is ook gelijk een uitwisseling van ideeën. Wat heb jij eraan gedaan, o vind ik leuk, zou ik ook wel willen. Waar heb je dat gekocht?'

Geerts: 'In je eentje rijden is niet gezellig.' Sanderson: 'Het is ook het doel dat we hebben. Een echt doel om met zo'n club echt bezig te zijn. Zonder dat doel zouden we algauw zijn uitgekeken.' Koot: 'De hele dag met elkaar bezig zijn. En daarna eten. Hilariteit alom. Dan is het zwaaien. Tot de volgende keer, de mazzel. En dan is zo'n dag voorbij, iedereen is voldaan en kan weer werken doordeweeks.' Geerts: 'Als ik een rit heb in Assen vertrek ik de avond ervoor al van Brabant af en pak een hotelletje. Volgende dag de rit, eten, kom ik zondag 's avonds twaalf uur thuis, heb ik er *bekant* zevenhonderd kilometer opzitten. Dat is voor mij ontspanning. Ik moet de hele week weer hard werken.' Koot: 'Het is een *way of life.*'

In colonne rijden is iets heel aparts. Sanderson: 'Het

is zo fascinerend, je hoeft nergens te stoppen. Gewoonlijk moet je zelf kaartlezen en alles in de gaten houden. Je hoeft niks te doen, alles is voor je geregeld.' En na afloop is er een speldje. Geerts: 'Een heleboel gaan er voor het aandenken. Er zijn erbij die komen helemaal uit Limburg een rit in Groningen rijden, die moeten die pin hebben.'

Heel Oostelbeers is uitgelopen. Ouders met kinderen op hun schouders kijken op veilige afstand vanonder de carports toe hoe de grommende stoet voorbijtrekt. De vaste gasten van café De Toverstaf zijn met het glas op de stoep gaan staan.

Van Oostelbeers gaat het naar Vessem. Door de Jan Smulderstraat waar zich de enige pinautomaat bevindt. Langs het huis van Toon en Rieky, die 25 jaar getrouwd zijn. Voorbij een keramiekgalerie, die schudt op haar grondvesten. Een groet van een kind wordt door tientallen claxons beantwoord. Als de staart Vessem verlaat heeft de kop 'Hoogeloon, in vriendschap verbonden met Pacocz' al bereikt. Binnenkort mag Van Dik Hout er optreden, nu trekken de Shadows bekijks. Na Hoogeloon maakt het asfalt plaats voor kasseien. Met witgeverfde bomenrijen aan weerszijden, uit sommige basten een hap. De voorvorken om ons heen dansen op en neer. Onder de pothelmen klapperen de kaken tot op de dorpsstraat in Casteren, waar donkere wolken zich samenpakken. In navolging van de rest zet Verschuren met zijn linkerduim de *lights* op *high*. Als een reusachtige parelketting glijden we door de regensluiers, het stroomdal van de Reusel binnen.

De Koninklijke Nederlandse Motorrijders Vereniging (KNMV) vindt een toertocht als deze onverantwoord. 'Motorrijden doe je niet in georganiseerd verband,' zegt een woordvoerder. 'Regelmatig krijgen we klachten over dit soort *ride-outs*. We trekken onze handen ervan af. Zo wordt de naam van de motorbeweging door het slijk gehaald. Waarom rijden ze niet gewoon een individuele puzzelrit?' De woordvoerder benadrukt dat de Shadow-club niet is aangesloten bij zijn KNMV. 'Ze zijn illegaal bezig. Zomaar wegen blokkeren, dat kan toch niet. En wat dacht je van de geluidsoverlast, er zitten veel afgekeurde uitlaten bij.' Volgens de woordvoerder is er in de jeugd iets misgegaan. 'Ze willen zich op latere leeftijd bewijzen. Hebben vrouw, kind en een baan maar missen iets in het leven. En gaan de *easy ridende* macho uithangen.'

In Baarschot is de eerste stop. Een grote hoeveelheid cowboy-laarzen komt aan de grond. De waard van restaurant d'Ouwe Brouwerij, een grote stolphoeve met veel wagenwielen en geweien aan de muur, heeft broodjes gesmeerd. Consumptiebonnen worden te voorschijn gehaald. In de rij komen de tongen los. 'Eentje met pech, die met die hele lange voorvork. Op de kasseien waarschijnlijk.' De sfeer is gemoedelijk. Hooguit zegt iemand tegen de ober met een vol dienblad: hé, klap eens in je handen. 'We zijn bovenal een fatsoenlijke club,' zegt voorzitter Sanderson. 'Incidenten zijn er nooit.' Desondanks is het niet eenvoudig een taveerne bereid te vinden de club te ontvangen. 'Bij het woord motorclub alleen al deinzen ze terug. We worden regelmatig geweigerd. Vanwege het leer.

Terwijl we daarmee alleen een stuk vrijheid willen uitdrukken. Voorzover ik weet is er nog nooit met eten gegooid.' En er wordt niet gedronken. 'Laten we niet merken dat er alcohol genuttigd wordt. Het is vastgelegd in de huishoudelijke reglementen. Iemand die drinkt wordt gelijk geroyeerd.'

Misschien komt het daardoor dat andere motorclubs de Shadows niet echt serieus nemen. 'We staan te boek als watjes,' zegt Jetty Holwerda. 'Omdat bij ons de vrouw meegaat. En omdat de meesten gewoon een baan hebben.' De Shadows voldoen op zijn minst voor de helft aan burgerlijke normen. In de ogen van de Hells Angels, in motorland het meest gezaghebbend, zijn ze daarom niet meer dan liefhebbende leken, pseudo-*bad boys*. Als een Shadow zich op Hells Angel-territorium begeeft is de kans groot dat zijn machine in vlammen opgaat.

Willem Driessen is een van de gidsen die de karavaan rollend moeten houden. Links en rechts sluiten de gidsen wegen af. Bij Hilvarenbeek is een zware klus te klaren. Een druk kruispunt waar verkeer van alle kanten met hoge snelheid op afkomt. Driessen stapt af en waagt zich midden op de weg. Een haastige Opel kan hem ternauwernood omzeilen, de volgende is gedwongen te stoppen. De bestuurder draait zijn raam omlaag. Zijn vrouw ernaast zet de radio zacht. Op de achterbank stoeien twee kinderen. 'Goedemiddag,' zegt Driessen. 'Wij zijn van de Shadow Motorclub. Er komen zo 150 motoren langs. Wilt u even wachten?' De man knikt en zet de motor af. De koplopers scheren voorbij. 'Ik begrijp het wel,' zegt de automobilist. 'Het stamt uit de jaren zeventig. Lang haar, je vrij voelen. Misschien wel afgeven op de maatschappij. Ze zullen wel een tik van die molen hebben meegekregen.' Na ruim vijf minuten mag hij van Willem Driessen zijn auto weer starten.

Voor Driessen is het nu zaak de club zo snel mogelijk weer in te halen om voor op de weg te kunnen plaveien. Hoewel de Shadows uit het zicht zijn verdwenen, is het spoor goed zichtbaar in de nauwe straatjes van Hilvarenbeek.

Buurtbewoners staan in kliekjes bijeen. Kinderen hijgen uit naast hun crossfietsen. In de Dorpsstraat probeert een begeleider een uitzinnige mongool tot bedaren te brengen. Stevig accelererend zetten we de achtervolging in. Al snel krijgt Driessen de staart in het vizier. Links van vluchtheuvels en over fietspaden proberen we het bonte gezelschap in etappes te passeren.

Als we Hans 'The Road' voorbijgaan kijkt Driessen misprijzend opzij. Hans 'The Road' heeft het in zijn hoofd gehaald om op een Intruder van het rivaliserende Suzuki aan de rit deel te nemen. Het bestuur is er niet gelukkig mee. 'Er zitten een paar afvalligen bij,' zei penningmeester Michel Koot kort voor de rit. 'Het is dat ze contributie hebben betaald. Volgend seizoen moeten ze weg. We moeten streng zijn, anders wordt het zo'n vergaarbak.' Hans 'The Road' pikt dat niet. 'Ze geven af op alle motoren, behalve op Shadows. Ze zeggen dat Intruders de grond raken in de bochten, onzin. Wat maakt het nou uit welke motor je rijdt? Ik laat me echt niet royeren, hoor.'

Bij Riel gaan we rechtsaf naar Gilze. Halverwege is een korte pauze ingelast. Pakjes shag gaan van hand tot hand. De zon is gaan schijnen. Een lid komt haastig op George Sanderson afgestapt. 'Voorzitter, Ed uit Putten is niet goed geworden. Last van z'n borst.' Even later klinkt een sirene en Ed verdwijnt in de ambulance. Er is een hartinfarct geconstateerd. Enigszins verslagen zetten de Shadows de tocht voort. Tot we door de straten van Dongen zoeven. Over verkeersdrempels gaat het een woonerf op. Mensen die hun tuin harken kijken vreemd op. Toevalligerwijs wonen ze bij de zus van secretaris Arno Geerts in de straat. En die is jarig. Luid claxonnerend trekt de stoet aan haar voorbij. Glunderend staat ze te zwaaien in de deuropening.

Mario Jacobs, tourcommissaris van regio Midden: 'Het is één grote motorfamilie waar je in opgenomen wordt. Mensen met hetzelfde gedachtegoed, een heel sociaal gebeuren, iedereen praat met je.' Willem Bavelaar, regiocommissaris Zuidwest: 'Als je eenmaal rijdt, het is een gevoel, niet te verklaren. Lekker de wind over je heen, nergens zorgen over. Op een bepaalde snelheid komt het gedreun van de cilinders overeen met de hartslag, man dat is hemels. En al die enthousiaste mensen langs de weg. Ik ben projectcoördinator in de automatisering, een drukke baan. Ik stap op de motor met zo'n tocht, nou, ik ben vrij.' 'Je voelt je de *king of the road*,' zegt Jacobs.

Maar daar blijft het niet bij. 'In een kroeg komen ze gelijk bij je staan. Met het leer hang je een beetje de macho uit. Dat is het leuke eraan,' volgens Jacobs.

Bavelaar: 'Toch, we zijn doodnormale mensen met een heel klein hartje.'

De machine is een afspiegeling van het karakter van de berijder. Jacobs: 'Niet één Shadow is hetzelfde. Sommigen hebben hem volhangen met accessoires. Windschermpies, open uitlaat, verchroomde schokdempers en *special paints* op de tank van bijvoorbeeld een labrador. Tot alleen het frame nog origineel is.' Bavelaar: 'En weer anderen hebben hem kaal als een geraamte.'

In principe is er geen gevaar met zo'n tocht. Jacobs: 'Het gaat heel langzaam en met beleid die dorpies door. Er is wel eens een ongeluk gebeurd. Tijdens een treffen vorig jaar. Was niet onze schuld. Een wegracer uit tegenovergestelde richting dook recht op een gids af. Met 150 kilometer per uur volgens de technische recherche. Lagen er vier stukken motor. Met zware botbreuken en hersenletsel zijn ze afgevoerd. Infuus eraan en al.' Bavelaar: 'Japie uit Zwolle dan. Zijn rem blokkeerde, hij ging recht op z'n plaat. Maar ja, dat was achterstallig onderhoud.'

Op het dorpsplein van Geertruidenberg eindigt de rit. De leden zoeken een leeg plekje op hun jacks om het speldje dat de tourcommissaris uitreikt erbij te zetten. De mobiele telefoon van de voorzitter piept. Het gaat over Ed uit Putten. Hij ligt op de intensive care in Tilburg. Zijn toestand is stabiel maar hij zal enkele dagen moeten blijven.

Hotelcafé De Munt draait Steppenwolf met 'Born to Be Wild'. En veel Golden Earring en The Byrds. Hongerige buiken belagen het buffet. Chinees en koude schotel wordt op papieren bordjes gelepeld. Met volle mond praten de Shadows over een volgend treffen. De Evacuatietocht van 7 juni, die zal leiden door de dorpen die in januari '95 door overstromingen werden getroffen.

De ongeluckige voyagie

In 1985 was Willem Vos naar Denemarken gereisd en had hij in een bos een paar bomen uitgezocht. 'We kochten vier mooie stammen op Wedelsborch en een paar zware krommers in de buurt van Monsklint,' schrijft Vos in *De bouw van de Batavia*, zijn herinneringen aan het project dat ruim twintig jaar van zijn leven vergde. Enkele maanden later werd het hout bezorgd op een modderig terrein aan de Oostvaardersdijk te Lelystad, met uitzicht over het IJsselmeer en de Houtribsluizen.

Het was Lelystad geworden omdat geen enkele andere gemeente hem met z'n plan had willen omarmen. Eerst had hij Amsterdam geprobeerd. 'Geen antwoord op mijn brief,' noteerde hij, 'niet eens een telefoontje; arrogantie van de ergste soort.' Toen ook andere gemeenten de wat woest ogende Vos – met z'n Kapitein Iglo-baard leek hij rechtstreeks uit de zeventiende eeuw overgeflitst – in de kou lieten staan had hij serieus overwogen van het megalomane project af te zien: 'Maar het veroorzaakte ook een soort onverzettelijkheid. Ik laat me niet door een stelletje ambtenaren uit het veld slaan.'

In Lelystad had men er wel oren naar. Afgezien van Het Nieuwe Land-museum, dat in 1987 zou afbranden, was er op cultuurhistorisch terrein in de provinciehoofdstad niets te beleven. Vanwege de artikel-12-status die het armlastige Lelystad ten deel was gevallen – hoge werkloosheid, lage sociale groepen en een toenemend floreren van het dichter bij Amsterdam gelegen Almere – kon Willem Vos echter geen geld in het vooruitzicht worden gesteld. Toen hij een sponsor had gevonden ging hij bij toenmalig burgemeester Hans Gruijters op audiëntie. De burgervader zegde Vos het drassige perceel toe, inclusief een snoer elektriciteit en een toegangsweg erheen. 'En dat was dat, geen gulden meer,' schreef Vos. Toch was hij dankbaar. Op het gemeentehuis hield hij een toespraak waarin hij de lijfspreuk van Jan Pietersz. Coen aanhaalde: 'Dispereert niet.'

Met een paar vrienden, waaronder houthandelaar Tjeerd Faber, zoon Jan en vrouw Mada ging Willem Vos na aanlevering van het hout van start. 'Tjeerd zaagde de stukken, de kiel viel prachtig. In een van de voorste stukken vielen een paar kwasten open. Ik bestemde het stuk voor het boveneind van de voorsteven, ik schatte dat ze later werden afgedekt door de knieën van het galjoen. Zo moest je omgaan met het hout: woekeren met de mogelijkheden.' Al jaren had Vos gespeeld met het idee een VOC-schip na te bouwen. Begin jaren tachtig had hij in *De Telegraaf* gelezen dat Paul Verhoeven een film wilde maken over de Batavia en het onheil dat haar overkwam. De film ging niet door maar hem liet het idee niet los.

De Batavia was op 29 oktober 1628 onder leiding van commandeur Fransisco Pelsaert en schipper Adriaen

Jacobszoon met ruim driehonderd opvarenden de haven van Texel uitgevaren. Na Kaap de Goede Hoop werd al te lang een oostwaartse koers aangehouden. Adriaen Jacobszoon dacht dat ze de gevaarlijke riffen voor de kust van het Zuidlandt nog lang niet genaderd waren. Hij veronderstelde dat het de maan was die daar verderop weerkaatste in het water; het bleek schuim te zijn van op riffen stukgeslagen golven.

Een daverende klap volgde, de bemanning schrok wakker. Op twee nabijgelegen eilanden trachtten de niet-verdronkenen te overleven maar door muiterij en voedseltekorten stierven zij bij bosjes. Uiteindelijk keerden slechts 68 opvarenden naar het vaderland terug. Het wrak werd in 1963 bij de Wallabi-eilandengroep ten westen van Australië teruggevonden. Kanonnen, handelswaar en een hoeveelheid stenen ten behoeve van een in Batavia (Jakarta) te bouwen stadspoort werden opgedoken. Op de eilanden werden door bijlslagen gebutste schedels gevonden. 'Het zou de Batavia worden,' noteerde Willem Vos. 'Een puur Hollands schip, uit de glorietijd van onze geschiedenis.'

Om iets van de constructie te begrijpen verslond Vos allerlei scheepsbouwtechnische lectuur. Met name de boeken van Nicolaas Witsen en Cornelis van IJk verschaften hem helderheid. Met de constructie zwevend voor zijn geestesoog ('in gedachten liep ik in zeventiende-eeuwse vaartuigen rond') vorderde de bouw gestaag. De voorsteven was opgericht, het grootspant werd geplaatst. Er werd begonnen aan de achterspiegel. Geld was er nauwelijks. Vos leefde in die dagen van een uitkering. Zijn vrouw verdiende bij als bejaardenwasser. Het leven op het kale terrein viel het gezin Vos zwaar. Ze aten en sliepen op de Prins Willem, een restaurantschip dat schuin tegenover de werf lag afgemeerd. Na een tijdje kreeg het gezin een als woning in te richten bouwkeet aangeboden. Dat eerste jaar werd een 'sobere kerst' gevierd.

Aan werkkrachten was grote behoefte. Vos kwam op het idee jongeren te ronselen die vroegtijdig de school hadden verlaten. Zoon Jan was zo'n jongere: 'Jan had moeite met de schoolbanken en werkte al vanaf zijn veertiende jaar. De baas waar hij toen werkte, had weinig overwicht op zijn oudere werknemers, die een loopje met hem namen. De frustraties reageerde hij op Jan af. Vernederende scheldpartijen, dreigen met geweld en smijten met stukken hout. Op een dag kwam Jan thuis met de mededeling dat hij nooit meer ging werken.' Behalve aan de boot van zijn vader, daaraan wilde Jan wel meewerken. Vos vond meer jongens zoals Jan en besloot van de Bataviawerf een scholingsproject te maken. Jan kreeg een leidinggevende functie.

Willem Vos kon het goed vinden met de jongeren van het scholingsproject en met de schare vrijwilligers, onder wie drie Surinaamse jongens die zich spontaan hadden aangemeld. De krachten sliepen aan boord van de Prins Willem. Elke ochtend maakte Vos ze wakker: 'Met een houten hamer bonkten we voorzichtig tegen een nagel in de scheepshuid. Dat klonk door het hele schip. Tijdens de dooi zakte ik op een ochtend naast de scheepshuid door het ijs. Ik dacht dat niemand het had gehoord en dat ik ongezien terug kon gaan naar de keet, maar binnen tien tellen stond de ploeg aan dek om de ouwe Vos te redden, die op dat moment met een nat pak tegen de keienglooiing opklauterde. Wat hebben ze gelachen, de deugnieten.' Daarna was het stevig ontbijten en hard aan het werk.

Het aantal spanten op de kiel vorderde. Op velerlei manieren probeerde Vos geld binnen te halen. Hij organiseerde een loterij, stuurde bedelbrieven rond en benaderde bedrijven. Nadat Prins Claus op bezoek was geweest, kwamen er investeerders. Een containerbedrijf deed de stichting, waarin Vos de boel had ondergebracht, acht miljoen toekomen. Er was ook tegenslag: een van de leerlingen pleegde zelfmoord. 'Soms denk ik nog wel eens: Cor, lieve jongen, had toch nog even geduld gehad, dan had je in het succes kunnen delen,' noteerde Vos. 'Cor liet zijn bezittingen na aan de Bataviawerf, maar ook het rotte gevoel dat we gefaald hadden.'

De gift van het containerbedrijf deed aan de Oostvaardersdijk van de ene op de andere dag een professionele organisatie verrijzen. Er werd een begroting gemaakt; Vos verwierf zich een inkomen. Hij kreeg het advies om 'om redenen van belangenverstrengeling' uit het bestuur te stappen. In het nieuwe bestuur namen ervaren bewindvoerders zitting. Oud-minister Tjerk Westerterp nam de voorzittershamer over. 'Tjeerd en ik werden op een rare manier terzijde geschoven,' schreef Vos, 'alsof we het niet goed hadden gedaan. "Ga jij maar timmeren, dan regelen wij de rest wel." Het was een klap in mijn gezicht na alles wat wij tot nog toe hadden gepresteerd.' Ontdaan stapte Vos op de trein, maakte niet uit waarheen. 'Drie lange dagen en avonden heb ik door Antwerpen en Gent lopen dolen, om mezelf weer bij elkaar te rapen. In derderangs hotels, starend naar de plafonds, heb ik afscheid genomen van het project zoals ik het in mijn geest had gevormd. Ik was werknemer geworden. Met een nog naknagend gevoel van falen keerde ik drie dagen later terug in Lelystad.'

Om de organisatie te huisvesten werden extra gebouwen neergezet. Uiteindelijk kwamen veertien mensen in loondienst en hielpen ruim driehonderd vrijwilligers mee. Er werd een schutting getimmerd rond de werf. Bezoekers moesten entreegeld gaan betalen. Er verrees een hoog bord met vreemde logo's en namen van bedrijven. De organisatie huurde een bureau in dat goed was in marketing. Er kwam iemand die wist hoe je de pers te woord moest staan. Bezoekers stroomden toe. Honderdduizend, tweehonderdduizend, driehonderdduizend. Om er nog meer te lokken werd een groot raderschip aangemeerd, de Mark Twain, die vroeger over de Mississippi gevaren had. Je kon er veel eten voor weinig geld.

De gemeente stak miljoenen in het gebied rondom de werf. Er kwam een museum bij en een villawijk. Een projectontwikkelaar mocht naast de werf Batavia Stad bouwen, een complex met bakstenen verdedigingsmuren en uitkijktorens en erbinnen winkels waar tegen dumpprijzen merkartikelen verkocht worden. Het eerste halfjaar na opening werden anderhalf miljoen kooplustigen geteld. Er kwamen pinautomaten, frisdrankautomaten, dranghekken, een snackbar, veel parkeerplaatsen en een speciale buslijn. Ook werd een 'bruine haven' aangelegd waar chique delegaties in stijl konden verpozen.

Willem Vos mocht niet langer zomaar aan z'n schip sleutelen. De pr-afdeling gaf hem te verstaan niet op maandagmorgen een mast te plaatsen maar bijvoorbeeld pas op vrijdagmiddag, zodat de bezoekersaantallen konden aanzwellen. Het werd betreurd dat hij het schip niet zo had ontworpen dat het geschikt gemaakt kon worden voor feesten en partijen. Ook vond men dat hij een motor had moeten installeren, zodat met de Batavia ook werkelijk gevaren kon worden. Tussen de werkploeg en de organisatie rezen spanningen. De werklui kregen ingeprent dat ze niet alleen werklui waren maar ook acteurs in een theaterstuk. Er mochten geen transistors meer aan en met een kraan moest voorzichtig over het terrein gereden worden.

Vos had niks meer te zeggen over zijn project. Toen hem de datum van tewaterlating werd medegedeeld vroeg hij uitstel omdat een deel van het beeldhouwwerk niet gereed was. De organisatie stond erop de oorspronkelijke tewaterlatingsdatum te handhaven, koningin Beatrix was al uitgenodigd. Op 7 april 1995 gooide zij een doopkruik tegen de buik van het schip. Een promotieteam liet het schip naar Amsterdam slepen, waar een groot zeilevenement plaatshad.

Na de doop riep burgemeester Gruijters Vos bij zich. 'Stel dat ik de financiering regel,' sprak de burgervader. 'Zouden jullie dan het succes van de Batavia willen voortzetten door een nog groter schip op stapel te zetten? Wat denken jullie van De Zeven Provinciën van Michiel de Ruyter?' Bestuursvoorzitter Westerterp regelde de financiering met een grote bank. Vos kreeg het gevoel dat hij 'nog een keer de Mount Everest moest beklimmen'. Onder zware druk zegde hij toe.

Terwijl Vos bezig was met de kiel voor De Zeven Provinciën, vatte het bestuur een nieuw plan op. De Batavia zou in 2000 naar Sydney reizen, waar de Olympische Spelen plaatsvonden. Westerterp zei over de contacten te beschikken. Een bepaalde kamer van koophandel zou volgens hem bereid zijn de reis naar het Zuidlandt te financieren. Een Duitse reder sleepte de Batavia erheen. In Sydney werd duidelijk dat de bepaalde kamer van koophandel de kosten voor de terugreis niet op zich wilde nemen. In het Lelystads gemeentebestuur brak paniek uit: het schip moest terug want de ontwikkeling van het ooit voor niemand interessante gebied was in volle gang. In de anderhalf jaar dat het schip weg was deed nauwelijks iemand de werf aan. Er werd besloten om samen met de provincie drie miljoen gulden bijeen te schrapen om de Batavia terug te kunnen kopen. In juni 2001 werd het schip in alle stilte naar de werf teruggesleept.

Intussen had Vos de werkzaamheden aan De Zeven Provinciën stilgelegd. Met de jongeren die hij de laatste jaren toegewezen kreeg viel niet te arbeiden. Waren het eind jaren tachtig nog gemotiveerde jongelui geweest, eind jaren negentig was de werkloosheid zover teruggedrongen dat er op de werf nog slechts hopeloos onbemiddelbare gevallen terechtkwamen. Een aantal leermeesters was opgestapt. 'We zijn scheepsbouwers, geen sociaal werkers,' zeiden ze. Zo viel veel subsidie weg. De lening van de bank begon te wringen. Opnieuw moesten gemeente en provincie bijspringen.

Willem Vos had er tabak van. Hij trok zich terug uit het project.

Een winderige zaterdagochtend op de werf. De Batavia ligt iets verderop in het IJsselmeer. Over een loopplank schuifelen enkele bezoekers erheen. Meeuwen vliegen door het kale karkas van De Zeven Provinciën. Eén Japanner met een *handycam*. Over de schutting waait winkelalarm en kindergejengel. In Batavia Stad is het wel druk. De geur van patat. 'Willem Vos weet er heel veel van,' zegt de man die aangesteld is om met de pers om te gaan. 'Maar hij heeft niet het monopolie op die kennis. Er zijn gelukkig wel mensen te vinden op wie we ons kunnen verlaten nu Willem het niet meer doet.'

De pr-mensen houden Vos zorgvuldig uit de belangstelling vandaan. Hij zou met niemand willen praten en zich in zijn huisje in Frankrijk bevinden. Maar een van de kanonniers, die voor een handjevol publiek om drie uur enkele salvo's afvuren, heeft Vos zojuist nog over het terrein zien lopen. Het huisje van Willem Vos bevindt zich achter de loodsen. Een grote bouvier springt aan de binnenkant tegen de deur omhoog. De gordijnen zijn dichtgetrokken. Hij antwoordt niet op geklop of op een briefje dat op zijn deurmat wordt gedeponeerd.

In juni 2003 verbreekt Vos de stilte. In een huis-aan-huisblad doet hij verslag van de bruuskeringen die hem zijn overkomen. 'Tijdens de verlovingstournee van prins Willem-Alexander en Máxima bezoeken zij de Bataviawerf, ik word niet uitgenodigd op mijn eigen werf en sta verdwaald tussen het publiek.' Het lijkt of de nieuwe organisatie van hem af wil. Op een dag krijgt hij te horen dat hij z'n huisje op de werf moet verlaten. 'Mada en ik hadden ons voorgesteld om samen oud te worden met zicht op de Batavia. Maar dan ontstaat er weer nieuwe druk, het bestuur vindt dat wij de werf moeten verlaten, om plaats te maken voor een nieuwe bouworganisatie.'

Vos weigert het nieuwe huisje, dat gepland staat op een industrieterrein, te betrekken en slikt een grote hoeveelheid medicijnen. Hij balanceert op de grens van leven en dood. Zoon Jan schiet zijn vertwijfelde vader te hulp. Hij stelt zo veel mogelijk mensen van de schandalige afdanking op de hoogte. Met hulp van vrienden en kennissen komt Vos z'n depressie te boven. Opgemonterd betrekt hij alsnog het huis op het industrieterrein. 'Velen zullen het begrijpen,' besluit hij de brief, 'maar ik hoop dat nog veel meer mensen het nooit zullen begrijpen, want dan hoeven zij het gelukkig niet mee te maken.'

De necromanen

Op het grind voor de gietijzeren toegangspoort van de algemene begraafplaats van Lunteren parkeert een stationwagen. Voor hij uitstapt controleert Wim Vlaanderen nog eens de documentatie in zijn lederen schoudertas. Marguerite de Jong doet een vers fotorolletje in haar toestel. De twee stappen uit en gaan het hek door. Een groep konijnen stuift uiteen. In de verte tuft een tractor met sproeiapparatuur tussen de zerken door. In strakke, rationele kavels strekt de begraafplaats zich uit. 'Geen greintje fantasie in het ontwerp,' zegt Vlaanderen met een wolkje aan zijn mond. 'Ambtenaar vanachter de tekentafel, dat werk.' Hij begeeft zich tussen de stèles ter linkerzijde van de laan, De Jong begint aan de rechterkant.

Hoofdschuddend bekijkt Vlaanderen de grafstenen. 'Lieve ouders, lieve zoon, lieve grootmoeder. Natuurlijk, iedereen is lief.' Losse grassprieten kleven aan zijn schoenzolen. 'Ken je die mop van dat jongetje dat over een begraafplaats liep? Hij vroeg aan zijn moeder waar de stoute mensen lagen.' Ernstig: 'Zet er toch liever wat symboliek op, dat zegt zoveel meer.'

We bevinden ons op het oude gedeelte van de Lunterense begraafplaats. De geboortedata van de overledenen gaan dikwijls terug tot de negentiende eeuw. Af en toe wordt de klassieke eenheid ruw doorbroken door een glimmend granieten graf van een laat-twintigste-eeuwer. 'Vreselijk als de harmonie tussen nieuw en oud ontbreekt,' zegt Vlaanderen. Een begraafplaats moet je volgens hem vergelijken met een stad. Als je een oude binnenstad hebt, zet je daar geen nieuwbouw tussen. Hij tikt met zijn voet tegen een pompeus marmerbed. 'De ondernemer probeert het iedereen aan te smeren. Ik spoor de mensen altijd aan om zelf bij de steenhouwer iets leuks uit te zoeken.'

We slaan een volgende rij in. Halt wordt gehouden voor een enorme zachtroze dekplaat waaruit een dikke zerk oprijst. Vlaanderen schat het op zo'n tienduizend gulden. 'Terwijl het kant en klaar werk is. Eenheidsworst, de letters zijn er met de computer in gefrijnd.' Het type graniet komt uit India. 'De werkomstandigheden zijn er zoals bekend vreselijk. Kinderhandjes, blote voetjes en geen gehoorbescherming.' Op de Zwolse begraafplaats Kranenburg, waar Vlaanderen (60) recentelijk afscheid nam als beheerder, mag dat gepolijste graniet niet eens. 'Bij ons zeggen we: zoek maar een andere begraafplaats. De monumenten moeten in harmonie met de omgeving zijn.'

In een zerkenrij aan de overzijde van de laan zwiept een conifeer. 'Ja, Wim, hier, ik heb ze.' De stem van De Jong breekt door de zware stilte. Op een drafje snelt Vlaanderen erheen. Achter de takken die De Jong opzij houdt ligt een menhirvormige zwerfkei. E.J. ROSKAM. 22-1-1892/4-10-1974 staat er in verzonken zwarte letters. Roskam, die tijdens de oorlog boerenleider van de NSB was, heeft boven zijn naam een runenteken laten uitbeitelen. Vlaanderen haalt *De geïllustreerde geschiedenis van de NSB* en een runenalfabet uit zijn tas te voorschijn. 'Dit zijn de letters "o" en "on",' zegt hij na een tijdje bladeren. 'Het wordt ook wel het "ödal-teken" genoemd, wat "het geërfde land" betekent.'

De Jong neemt volop foto's. Ook van de ovaalvormige steen naast die van Roskam, waarop de naam van H. Reydon is aangebracht. Reydon, die gedurende de Duitse bezetting secretaris-generaal was op het departement van Volksvoorlichting en Kunsten en tevens leiding gaf aan de Kultuurkamer, heeft geen data op zijn kei staan. Wel een runenteken dat veel weg heeft van een neergestoken vork. 'Dat is de letter "r"!' roept Vlaanderen uit. 'De "r" staat tevens symbool voor "man en taxus".'

De tractor is nabij gekomen. Een gezette man op rubberen laarzen klost over het zompige gras op het gezelschap af. Op zijn bovenlip beweegt een flinke snor. 'Mag ik u vragen wat u aan het doen bent?' De Jong steekt haar hand uit. 'Goedemorgen beheerder, wij zijn van De Terebinth. Onze vereniging spant zich in voor het behoud van funerair erfgoed.' De beheerder heeft nog nooit van De Terebinth gehoord. 'Wij zijn bezig met de inventarisatie van NSB-graven in Nederland,' vervolgt Vlaanderen. 'Vanwege de bijzondere symboliek die erop kan voorkomen. We zijn nog op zoek naar het graf van Van Geelkerken, dat moet ook hier liggen.' 'Van Geelkerken zult u hier niet vinden,' zegt de beheerder. 'Die ligt helemaal achterop.' Over het lot van de twee zwerfkeien hoeven Vlaanderen en De Jong zich volgens de beheerder geen zorgen te maken. 'De graven zijn indertijd voor eeuwig uitgegeven, ze worden bovendien nog goed onderhouden.' Afgezien van deze drie, zo bezweert de beheerder, hebben ze hier op Lunteren verder geen runensymboliek liggen.

Een handjevol funeraire liefhebbers richtte in september 1986 Stichting De Terebinth op. De naam leidden ze af van de *pistacia terebinthus*, een eikachtige boom die symbool staat voor 'het eeuwige'. Ten tijde van de oprichting was er van een dodencultuur in Nederland nog nauwelijks sprake. Niemand leek zich te bekommeren om de mogelijke monumentale, genealogische en landschappelijke waarden van begraafplaatsen. Tot in de jaren tachtig werden roekeloos tientallen historische grafvelden, al dan niet met bekendheden in de bodem, met hulp van bulldozers platgestreken. Een onbekend aantal waardevolle ornamenten verdween zonder pardon in de puinbreker.

Frans Renssen was indertijd bij de oprichting van De Terebinth betrokken. De rillingen lopen hem over de rug als hij terugdenkt aan die tijd. Renssen: 'Hoe eerder de lichamen weer verdwenen waren, hoe beter, was de opvatting.' In het jaar van oprichting verwierf De Terebinth enige bekendheid door Albert Heijn en de gemeente Heerenveen de oorlog te verklaren. Precies op de plek van een monumentale necropool hadden de grootgrutter en de gemeente een supermarkt gepland. Ondanks het protest, waarbij De Terebinth zes rechthebbenden aan haar zijde wist, drukte de gemeente de snode plannen door. Renssen: 'Alle zes zijn ze door de burgemeester omgepraat. Met beloftes van overplaatsing, nieuwe stenen en eeuwigdurende rechten op de nieuwe begraafplaats gingen ze om.'

Ondanks de verloren slag was de reputatie van het funeraire collectief gevestigd. In de daaropvolgende jaren zou De Terebinth met haar strijd voor het kerkhovelijk erfgoed een belangrijke bijdrage leveren aan een respectvollere kijk op dood en begraafplaats.

Op weg naar het graf van Van Geelkerken doet Vlaanderen zijn beklag over de sobere inrichting van de Lunterense begraafplaats. 'Alles is hier hetzelfde. Waarom zet je hier niet wat haagjes tussen?' De beheerder haalt zijn schouders op. 'Ik ben hier nog maar een week en dan ben ik weg. Ik word voorman bij de rioleringen. Twintig jaar heb ik dit werk gedaan, het is mooi geweest.' In die twintig jaar heeft de beheerder zijn best gedaan om er iets van te maken. Maar telkens werd hij teruggefloten door de ambtenaren op het stadhuis in Ede. 'Die man op de tekenkamer heeft er de ballen verstand van. Over de hele begraafplaats heeft hij taxus neergezet, iets anders kent hij niet.' De beheerder schopt herfstbladeren voor zich uit. 'Ik doe eigenlijk alles voor de mensen. Ligt de steen scheef, leg ik hem weer recht. Woekert een plant te ver door, knip ik 'm even bij.'

Binnenkort zal de begraafplaats uitgebreid worden, vertelt de beheerder. Hij wijst op een kale groene vlakte voorbij de laatste graven. 'Gaat dat nog een beetje knap ingericht worden?' wil Vlaanderen weten. 'Ik geloof dat er een vijver in het midden staat gepland,' zegt de beheerder. 'Je had ook een mooie laan moeten eisen,' zegt Vlaanderen. De beheerder kan het weinig meer schelen. 'Wat moeten de mensen eigenlijk ook met een vijver?' Vlaanderen legt uit dat het belangrijk is dat nabestaanden op een waterpartij kunnen uitzien. 'Lucht, water, grond, het gaat om die drie elementen. Daar moet je op een bankje over kunnen filosoferen. Jullie gaan er alleen maar vanuit hoeveel doden je op een hectare krijgt.'

Vlaanderen wil weten of de beheerder wel eens op de begraafplaats van Heemskerk is geweest. Dat niet, maar het rustiek gelegen Rusthof te Leusden kent hij wel. 'Ze hebben daar een fraai kinderhoekje ingericht. Zoiets had ik ook voor hier in gedachten.' De beheerder gaat ons voor naar het kindergedeelte. Achter een hoge heg doemen kleine, in zachte tinten gekleurde steentjes op. Tussen de bloemen ligt hier en daar een speelgoedbeest. 'Al vijf jaar vraag ik de gemeente of ons kinderhoekje opgeknapt kan worden. Ze doen het niet. Terwijl ze weten dat die ouders met een volgend kind toch hier bij het grafje komen. Dus doe nou eens iets voor die kinderen, zei ik op het gemeentehuis. Zet desnoods een glijbaan erbij. Zodat die ouders even hun verdriet kunnen beleven en die nieuwe kinderen ondertussen van de andere graven afblijven. Weet je wat die man bij ons op de gemeente zei? Hij zei: en als ze naar opa gaan, moeten ze daar ook een schommel hebben, zeker.'

Een zaterdag in Baarn. In een zaaltje komen het Terebinth-bestuur en een twintigtal regiocoördinatoren bijeen. De nodige woorden worden gewisseld over de ophefmakende vondst van Terebinther Guus Rüsing, die samen met acht medewerkers de regio Limburg onder zijn hoede heeft. In het ongewijde aardeperceel van de katholieke begraafplaats van Roermond trof Rüsing het graf van Leendert de Leeuw aan, een NSB'er die in januari 1943 zelfmoord pleegde door een kelkje blauwzuur achterover te slaan. Op zijn steen stond een bijzonder Germaans teken. Omdat het graf, geteisterd door betonrot, op instorten stond plaatste Rüsing het op de monumentenlijst, zodat het gerestaureerd zou kunnen worden.

De rapen waren gaar toen de burgemeester van Roermond er lucht van kreeg. Per brief decreteerde hij dat het graf van de lijst zou verdwijnen. 'Belachelijk,' zegt Rüsing in het Baarnse zaaltje. 'Het gaat ons niet om de persoon maar om het bijzondere karakter van het monument.' De regiocoördinator Friesland valt hem bij. 'Er is uit die tijd geen graf meer over. Ze zijn veelal stukgeslagen of verdwenen omdat de familie er niet meer voor durfde te betalen. Dat wat er over is, moet bewaard blijven.'

Voor het Terebinth-bestuur is het een heikele kwestie. Door de principiële opstelling van de burgemeester ging het lijken of De Terebinth een postume hommage aan het nationaal-socialisme aan het brengen was. Toch wordt in het zaaltje overeengekomen dat de regiocoördinatoren in hun gebied gewoon voortgaan met speuren naar vergeten NSB-graven, waarvan het aantal in Nederland overigens op niet meer dan tien stuks geschat wordt.

Als de vergadering is afgerond volgt een korte excursie naar de Nieuwe Algemene Begraafplaats van Baarn. 'Na die kwestie met de Albert Heijn werden we ineens veel serieuzer genomen,' zegt Frans Renssen in de auto op weg erheen. 'We gingen expres begraafplaatsen be-

zoeken waar ruiming dreigde. Dan schakelden we de pers in en probeerden we de bevolking te mobiliseren.'
Inmiddels is De Terebinth volgens Renssen een factor van betekenis geworden. 'Als er iets gaande is op een algemene begraafplaats kunnen we tegenwoordig via de gemeente vrij eenvoudig inspraak afdwingen. Bij particuliere begraafplaatsen is het nog wel eens moeilijk, net als op katholieke. Die moeten zichzelf zien te bedruipen. Het is makkelijk voor ze om onze adviezen in de wind te slaan omdat ze de exploitatie rond moet krijgen.'

Ondanks het vijftigtal fanatieke vrijwilligers is het voor de vereniging onmogelijk om in het hele land funeraire misstanden te voorkomen. Renssen: 'Er gebeurt nog veel achter onze rug om. Zo was ik laatst toevallig op de begraafplaats van Bovensmilde. Komt er een vrouw op me af rennen. Het graf van oma was verdwenen! Hooguit tien jaar geleden was ze begraven en het was een eigen graf. Ik zei: dan is de beheerder z'n boekje te buiten gegaan. Ik heb er werk van gemaakt en die steen is later teruggeplaatst.' Hans de Ruiter, de regiocoördinator van Noord-Holland, maakte iets vergelijkbaars mee. 'Ik woon op Texel, vlak naast de begraafplaats. Toen ik langsreed zag ik een hoopje puin liggen, van een dikke steensoort. Ik haastte mij erheen en ja hoor, twee kale plekken zand. De laatste twee monumentale horizontale stenen van de begraafplaats, zomaar vergruisd!'

In Lunteren is Van Geelkerken gevonden. 'Dit is 'm,' zegt de beheerder. Hij wijst op een rond afgetopte zwartmarmeren stèle. Vlaanderen maakt bezwaar als

De Jong foto's wil maken. 'In wezen is dit graf voor ons niet interessant. We kunnen er als Terebinth natuurlijk niet voor gaan pleiten dat deze steen behouden moet worden.' Volgens de beheerder zou dat sowieso onnodig zijn. 'De rechten lopen pas rond 2006 af. En ik weet zeker dat ook daarna nog wel betaald gaat worden.' Hij knikt in de richting van het aanpalende graf, waar een zekere Van Heerd begraven ligt. 'Een nabestaande van Van Heerd is er een van hier op het dorp. Eentje met veel poen. Deze zal zeker ook voor Van Geelkerken bijbetalen. Van Geelkerken heeft geen kinderen, maar er was wel een bijzondere band met die Van Heerd.'

Behalve de graven in Lunteren en Roermond weet Vlaanderen een NSB-graf te liggen op de algemene begraafplaats in Zwolle, ene Jantje Stephan-van Egten, echtgenote van de Zwolse NSB-leider H.T. Stephan. De steen is uniek en moet absoluut behouden worden, vindt Vlaanderen. Behalve een NSB-driehoek en een runenteken staan er de slagzinnen HOU EN TROUW en STRIJD EN OFFER in uitgebeiteld. Dat dergelijke graven aantrekkingskracht op extreem-rechts kunnen uitoefenen, zoals de media suggereerden, houdt Vlaanderen voor kolder. 'Samenkomsten van neofascisten, het zou wat. Dat groepje gekken is tegenwoordig zo klein. Als extreem-rechts echt wilde, hadden ze allang kunnen uitzoeken waar die graven lagen. Al zouden er fascistische happenings plaatsvinden, ook graven uit een donker verleden moeten bewaard worden voor het nageslacht.' De Lunterense beheerder is het met zijn oud-collega eens. 'Ik heb hier nog nooit kaalkoppen binnen gehad.'

Op de Baarnse begraafplaats verzamelen de Terebinthers zich rondom een op vrieskou geklede man. 'Mijn naam is Kruidenier,' zegt hij. 'Ik ben lid van de historische vereniging Baarn en schrijf ook wel eens artikeltjes in de lokale pers. Deze begraafplaats dateert van 1828. Na de oorlog is hij compleet in verval geraakt. We hebben een beroep gedaan op vrijwilligers om dit op te knappen.'

Regiovoorzitter Rindert Brouwer maakt zich los van de groep. Hij wandelt tot aan de voet van een treurbeuk en kijkt met tevreden blik naar het gezelschap. 'Het komt tegenwoordig steeds minder vaak voor dat we excursies naar bedreigde begraafplaatsen moeten beleggen, dat is een goed teken. Dat we ons nu met die NSB-graven bezig kunnen houden is een vorm van luxe.'

Brouwer publiceerde een boek over begraafplaatsen in Europa en hun geschiedenis. In de epiloog concludeert hij dat 'hoewel het onderwerp dood en begraven lange tijd taboe is geweest' er nu een kentering is te bespeuren. 'Het bewustzijn groeit dat niet de uitvaartondernemer en begraafplaatsverordeningen moeten uitmaken hoe wij onze doden willen gedenken, maar dat wij dat zelf kunnen en mogen doen,' aldus Brouwer. 'In het verleden hebben kunstenaars hun hoogste inspiratie en vakmanschap vaak gegeven aan kerk en grafmonumenten. Ik verwacht, gezien de hier en daar tot ontwikkeling komende moderne kunst op begraafplaatsen, voor de nabije toekomst grote veranderingen.'

Terwijl het gezelschap achter Kruidenier aan wandelt, wijst Brouwer op een handjevol stenen tussen het natte gras die als laatste tanden in een opgegeven gebit overeind zijn blijven staan. 'In feite is dit een heel trieste aanblik,' zegt hij. 'Deze stenen mochten blijven staan omdat er langer voor betaald is. Waar is de rest? Vermoedelijk afgevoerd omdat er geen betalende familie meer was.' Brouwer wijt het aan het gebrekkige administratieapparaat van destijds. 'Vaak zie je dat als familieleden zijn verhuisd, zo'n beheerder geen enkele moeite meer doet om ze op te sporen.' Voor Brouwer vormt dit het zoveelste bewijs dat er in Nederland geen grafcultuur bestaat. 'Loop in het buitenland over een begraafplaats, nergens zul je zoiets aantreffen als dit hier.'

De Terebinther houdt het calvinisme verantwoordelijk voor de culturele kaalslag op de vaderlandse dodenakkers. 'Die sobere grafcultuur is een protest tegen de katholieke manier van begraven. De protestanten geloven niets van dat vagevuur en het bidden voor de zieltjes van de overledenen. Omdat alleen Gods genade beslissend is en je er zelf toch niets aan kunt doen, is het dus maar beter er een eenvoudige steen op te leggen en te wachten tot het zover is.' Heel extreem is het op de begraafplaats van Marken. 'Daar zie je alleen maar paaltjes met een nummer. Het meest protestantse wat je hebben kan. Er staat zelfs geen naam op.' In Volendam kunnen ze er ook wat van. 'Daar is het gebruik dat men alleen algemene graven uitgeeft voor de duur van tien jaar, verder niks. Zelfs de beroemdste voetballer of palingzanger gaat er na tien jaar uit.'

Als hij kennissen of vrienden vertelt van De Terebinth, blijken velen het toch een macabere aangelegenheid te vinden. Brouwer: 'Alsof we een of ander morbide gezelschap zouden zijn.' De meesten die bij De Terebinth zijn aangesloten hebben volgens Brouwer helemaal geen overmatige fascinatie voor de dood. 'Als we zo met al die specialisten over een terrein schuifelen, merk ik dat we er juist veel te technisch naar kijken. Regelmatig moet ik mij voor mijn kop slaan dat er werkelijk mensen onder die grond liggen.' Annemarie van der Wal, die de regio Flevoland beheert, zegt juist wel vanuit morbide overwegingen voor De Terebinth te hebben gekozen. 'Mijn moeder stierf toen ik vijf was, mijn vader op mijn vijftiende. Er was een tijd dat je niet mocht kijken op begraafplaatsen. Dat je naar een psychiater moest als je er zonder reden kwam. Vijf jaar geleden is mijn dochtertje overleden. Mijn man en ik hebben het kistje zelf gedragen en we zijn in het graf gestapt om het weg te zetten. Via De Terebinth kom ik overal waar dat vroeger niet mocht.'

In de aula van de Lunterense begraafplaats speelt Vlaanderen een vrolijk deuntje op het orgel. De beheerder zet een verschoven stoeltje netjes in de rij terug. Vooraan in het muffe zaaltje staat een rijdende baar, afgedekt door een zwarte lijkwade. Aan de zijkant ligt een graflift waarmee de beheerder zijn kisten de grond in laat zakken. 'Heb jij geen voetbediening?' vraagt Vlaanderen als hij het apparaat aanschouwt. 'Nee, wil ik niet hebben,' zegt de beheerder. 'Je hebt je eigen tempo.'

Het is in de middag als we de beheerder de hand drukken. In de stationcar gaat het op weg naar Raalte. Vlaanderen heeft een tip gekregen dat in die gemeente eveneens een NSB'er ligt. 'Wellicht dat die wat symboliek op zijn steen heeft staan.' Onderweg vertelt Vlaanderen over zijn jonge jaren als hovenier op de Nieuwe Oosterbegraafplaats in Amsterdam. 'Maffe dingen heb ik er meegemaakt. Altijd ontzettend veel gejank en geschreeuw.' Regelmatig moest hij nabestaanden vastgrijpen om te voorkomen dat ze de kist achterna zouden duiken. Bizarre taferelen maakte hij vooral in de jaren tachtig mee, toen vanuit de homoscene, waar in die tijd veel aids-doden vielen te betreuren, de traditionele manieren van begraven luidruchtig werden doorbroken. 'Onder invloed van drugs gebeurden de raarste dingen. Een keertje kwamen ze zelfs met kippen aanzetten. De beesten vlogen weg en konden verderop bij een kwekerij pas weer gevangen worden.'

Toen hij jaren later als beheerder op de Zwolse begraafplaats Kranenburg werd aangenomen, miste hij de excentrieke Amsterdamse uitvaarten wel. Enigszins werd dat gecompenseerd door de islamitische uitvaartrituelen die ook in Zwolle opgeld begonnen te doen. 'Soennieten, sjiieten, alevieten, en allemaal met hun eigen gewoonten. Sommigen wilden, in strijd met de wetgeving die zegt dat 36 uur moet zijn verstreken, binnen 24 uur begraven, terwijl dat nergens staat in de koran. En bij de een moest alle grond erop, bij de ander juist alleen maar handbreed. Vrouwen mochten er vaak niet bij zijn.'

Toen Vlaanderen begin jaren zestig in Amsterdam als hovenier begon, was de dood nog een levensgroot taboe. 'Ik kwam een keer op een feestje. Een vriend zei dat ik op een begraafplaats werkte. Een meisje begon ontzettend te gillen.' In die tijd bestond de dood eenvoudigweg niet. 'Grote uitvaartondernemingen werden opgericht, zogenaamd om de mensen alle zorg uit handen te nemen. Zij bepaalden wanneer je naar het rouwcentrum mocht komen, je wilde die rommel toch niet in huis? Koffie erbij, uurtje kistje kijken en hup, weg in de koeling.'

Toen Vlaanderen de wet op de lijkbezorging erop nasloeg, bleek er tot zijn verbazing veel meer toegestaan dan de ondernemers wilden doen geloven. 'In de wet staat dat je indien gewenst zelfs een lichaam per bakfiets mag vervoeren.' In de jaren zeventig viel het Vlaanderen op dat mensen nieuwsgieriger werden naar zijn ambt. 'Op feestjes moest ik allerlei indianenverhalen ontzenuwen. Dat je helemaal niet opgegeten wordt door wormen, dat soort dingen. Mensen wisten er weinig van omdat het tot die tijd diep weggestopt was.'

Zijn eerste ruiming herinnert hij zich nog goed. 'Vier boven elkaar moesten eruit, in de huurklasse. Ik was wel nieuwsgierig wat er na tien jaar van een mens over zou zijn. De knekels en botten die we opgroeven moesten in een verzamelgraf. Toen ik zag wat er bovenkwam, dacht ik: ik ga gecremeerd worden.' Inmiddels denkt Vlaanderen daar anders over. 'Cremeren kost een hoop fossiele brandstof. Vijf kwartier op een graad of achthonderd. Bovendien vind ik dat ik het niet kan maken. Zo veel graven verkocht en dan mezelf laten cremeren.'

Het ruimen ging hem steeds gemakkelijker af. 'Het viel me wel tegen dat je niet echt mooie geraamtes zag bovenkomen. Vaak waren het toch ouderen, de tanden ontbraken al.' De ribben en de ruggengraat waren vaak nog wel intact. 'De ruggengraat noemden we ook wel de blokkendoos. Kuitbeenderen noemden we trommelstokken. Dat soort jargon heb je nodig om ermee te kunnen omgaan.' Een lichaam dat nog niet verteerd was noemden ze een 'pop'. 'Poppen waren vaak zwart of grijs van kleur. Ze waren opgezwollen, wat met medicijnen te maken had. We herbegroeven ze, ze konden zo niet in de knekelput.' Je kon ook met model 'gans' te maken krijgen. 'Dan waren alleen de dijbeenderen en de billen overgebleven. Vaak waren dat dikke mensen geweest.' Vanaf het moment dat Vlaanderen in Zwolle als beheerder aangesteld werd, bleven hem dergelijke lugubere details bespaard. 'In Zwolle werd niet geruimd. Er was niet zo'n enorme ruimtenood als in het westen.' Afgelopen februari gaf Vlaanderen er de brui aan, waardoor meer tijd voor Terebinth-activiteiten vrijkwam. Hij had er veertig dienstjaren op zitten.

In Raalte lijken ze beet te hebben. Vlaanderen: 'We zijn op zoek naar graven met runentekens.' Beheerder: 'Runentekens?' De Jong: 'Die werden in de tweede wereldoorlog gebruikt door de NSB.' Beheerder: 'O.' Vlaanderen: 'Er zijn er maar weinig in Nederland, maar wij zijn ze aan het inventariseren. We zoeken het graf van P.C. Schmidt-Crans, hij was majoor bij de Staatspolizei.' Beheerder: 'Dan moet je Berry op kantoor even bellen.' Berry kan niets vinden. 'Iedere gemeente moet een administratie hebben van de begraafplaats,' zegt Vlaanderen door de telefoon. Uiteindelijk deelt Berry mede dat er een Schmidt-Crans op de oude begraafplaats ligt. We stappen in de auto. 'Wie weet wat we op de steen aantreffen,' zegt De Jong. Eenmaal op de begraafplaats wordt na lang zoeken het graf van P.C. SCHMIDT-CRANS 1895-1964 aangetroffen. 'Sodeju, geen runenteken,' zegt Vlaanderen. De Jong schudt teleurgesteld het hoofd. Bedremmeld besluiten ze dan nog maar een rondje te maken.

Na vijf minuten blijft Vlaanderen stokstijf staan. 'Engelse vliegers,' zegt hij. Keurig in het gelid staan vijftien blinkend opgepoetste witte oorlogsgraven. 'De voltallige bemanning van een Brits oorlogstoestel,' roept hij uit. Vlaanderen beklopt de stenen en interpreteert de tekens. De Jong fotografeert. 'Per ardua ad astra,' leest hij van een van de stenen voor. 'Dat betekent zoiets als: met vleugels naar de sterren.' Een prachtige spreuk die hij direct noteert.

Zoo zoete dal

Zaterdagmiddag, één uur. Urk zit aan de kost. Gezinnen nemen plaats aan de eettafel, vaders gaan voor in gebed. Op straat is het stil. Behalve voor café Polder-Inn, een verduisterd hol met stalen toegangsdeur. Hier komt de beruchte Urker vriendenploeg Kat in 't Bakkie elke zaterdag samen; doordeweeks zitten ze op zee. Scooters worden op de standaard getrokken, autodeuren zwaaien open. Binnen komt harde *metal* uit de speakers. Aan een van de hoge ronde tafels zit Jacob (22). Vanaf vanochtend tien uur neemt hij in. Aan de voet van zijn kruk staat een krat Heineken. De flesjes ontkroont hij met z'n kiezen, de dop woest uitspuwend. Opgerookte Van Nelles smijt hij tegen de grond. Vanochtend vroeg, om een uur of zes, is hij met de kotter aangekomen in Harlingen, waar tegenwoordig een groot deel van de Urker vissersvloot ligt. Vanaf daar reed een busje hem en zijn vijf medebemanningsleden naar Urk. Zondagnacht rijdt het busje hen weer terug.

De periode voordat de vis z'n eitjes legt – oktober, november, december – is zeer vangstrijk. De vissersmannen van Kat in 't Bakkie hebben ook deze week weer goed verdiend. Buiten het seizoen vangen ze drie-, vierhonderd kisten, vanochtend zijn er bijna zevenhonderd van boord getakeld. Als vele Urkers vaart Jacobs schipper onder Belgische vlag, waardoor het quotum opgerekt kan worden. Het levert hem ook belastingvoordeel op; jaarlijks strijkt hij soms wel anderhalve ton op. Zijn ouders, bij wie hij inwoont, zaten ook in de vis. Vader op de boot, moeder in de verwerking. Hij laat een huisje voor zichzelf bouwen, hoewel zijn vriendin hem pas verlaten heeft. 'Ik weet niet hoe dat nu moet, ik kan nog geen ei bakken,' zegt hij. En neemt nog een teug. 'Hoe lam ik vannacht ook ben, morgen zit ik om tien uur stipt in de kerk,' bezweert hij. 'De meeste jongens van hier gaan niet meer,' weet Jacob. 'Vaak verandert dat als ze een meisje trouwen, dan worden ze tam.' Toch is Urk volgens hem over twintig jaar Urk niet meer. 'De zwarte randjes gaan eraf.'

In de loop van de middag komen de andere broeders van Kat in 't Bakkie binnen. Uit de kluiten gewassen jongelui, met ronde biceps van het netten sjorren. In de oorlel een naamplaatje en het logo van de club die negen jaar geleden in een jolige bui werd opgericht. Binnenkomers groeten en spoeden zich naar de bar, om elk met een eigen kratje rond de tafels neer te strijken. Sommigen hebben er schik in de ander midden in een gesprek om niets een stoot te verkopen. Toch zijn ze vandaag vanwege de vangst in een uitstekend humeur, weet de barkeeper. 'Vaak is dat anders, dan vliegen hier de krukken over de hoofden.'

Hij kijkt niet op als Jacob een leeg flesje stukgooit op de vloer. Geënerveerd is deze zijn collega's aan het vertellen over 'de Barend Biesheuvel', een nieuwe supersnelle boot waarmee de visserij-inspectie midden op de Noordzee langszij de kotters komt. 'Dan klimmen ze met vijf man aan boord om de netten op te meten en de vangsthoeveelheid te controleren,' zegt Jacob. 'Je hebt er echte klootzakken bij. Die je voor duizenden guldens op de bon slingeren als je kiel een centimeter te diep hangt.'

Cornelis (21) arriveert. Hij is kok op een van de 350 kotters die de Urker vloot telt. Hij vertelt over twee Engelsen die zijn schipper pas in dienst heeft genomen. 'Die lui zijn aan de heroïne. Ze spuiten stiekem in het ruim, een kleine hoeveelheid om op de been te kunnen blijven. Maar in het weekend liggen ze in Harlingen compleet voor pampus.' Er wordt afkeurend gemompeld. 'We konden het hier op Urk een keertje krijgen,' zegt Cornelis. 'Goed spul uit de Rotterdamse haven. Niks voor mij, ik zag allemaal beesten rondrennen.' Coke doen ze wel. 'Wie na een week zee met drank de hele zaterdag door wil halen, heeft aan een kop koffie niet genoeg,' zegt Cornelis. Hij pakt zijn mobiele telefoon en belt een onder de 'c' verstopt nummer.

Op 3 oktober 1939 hield het eiland Urk op te bestaan. Ineens was daar de Noordoostpolder en maakte Urk deel uit van het vasteland. De bewoners morden en spuwden hun gal. De hoge keileembult waarop nog altijd de vuurtoren prijkt, kwam als een ineengezegen krijger in het spiegelvlakke land te liggen. Met het oog op het aanstaande lot maakte P.J. Meertens in de jaren dertig enkele 'volkenkundige aantekeningen' om gewoonten en gebruiken op het eiland, waarvan men vermoedde dat die spoedig wel teloor zouden gaan, te conserveren voor het nageslacht. 'De meest in het oog vallende karaktertrek van deze visschers is hun godsdienstzin,' noteerde Meertens. 'Het leven te midden van een element dat zoo onbetrouwbaar en onberekenbaar is als de zee moet wel leiden tot een onwankelbaar geloof in een hoogere macht, waarvan de mensch zich afhankelijk weet en die hem steeds weer redt uit gevaren.' En: 'De afgelegen ligging van het eiland en het feit, dat het verkeer met den vasten wal ondanks alle verkeersverbeteringen in de laatste decenniën toch altijd nog betrekkelijk gering was, heeft een grote gehechtheid aan den geboortegrond in de hand gewerkt. "Urk is zoo zoete dal, wie er is die blijft er al," zegt de Urker uit den grond van zijn hart, en zoowel de Urker, die zich blijvend elders vestigt, als die een vrouw van buiten het eiland trouwt, zondigt daarmede tegen de wetten der samenleving. "Urk vrijt met Urk" is hier de leus, waartegen geen rechtgeaard Urker of Urkerin zich verzet.'

Aan het begin van de 21ste eeuw is er in Nederland geen godsvruchtiger gemeente dan Urk. De SGP maakt er samen met het CDA – beide vier zetels – de dienst uit. Gevolgd door RPF (3) en GPV (2) die halverwege de race zijn samengegaan in ChristenUnie, Gemeentebelangen (2), Urker Volkspartij (1) en Christelijk Historisch '85 (1). Alle scholen op Urk zijn met de bijbel, openbaar onderwijs komt er niet voor. De gemeente telt ruim zestienduizend ingezetenen. Waaronder negentig Marokkanen, tien Irakezen, vijfentwintig Afghanen en een handjevol andere, niet-westerse nationaliteiten. De rest is Urker van geboorte, import uit andere delen van Nederland doet zich nauwelijks voor.

Voor die ruim zestienduizend autochtone Urkers zijn elf grote kerkgebouwen neergezet. Vijf voor het zware oud-gereformeerde en christelijk gereformeerde volksdeel. Zes voor het relatief lichtere gereformeerde en hervormde deel. Behalve hel en verdoemenis wordt vanaf de kansel vermenigvuldiging gepredikt. In 1999 lag de gemiddelde woningbezetting op Urk op 3,5 persoon, tegen een landelijk gemiddelde van 2,4. Behalve tot een explosieve bevolkingsgroei – in 1975 stonden nog krap negenduizend ingezetenen geregistreerd – heeft het ertoe geleid dat meer dan de helft van de Urker bevolking jonger is dan 25 jaar. De meesten kiezen meteen een baan als ze van school mogen. Vroeger was die onvermijdelijk in de vis: op het schip of in de verwerking. Hoewel Urk nog altijd sterk van vis afhankelijk is – 16 procent van de beroepsbevolking is er direct in vis werkzaam, 36 procent indirect – gaan steeds meer jonge Urkers in andere sectoren buiten het eiland werken.

Petra (23) schuift aan. De jongens zijn lief voor haar, want haar Kees zit in de bak. Kees is een van de twee leden van Kat in 't Bakkie die er bij de veroordelingen minder voordelig van af is gekomen. Twee maanden cel kreeg hij aan z'n broek, wat vergeleken met de andere veroordeelde, die een halfjaar moet brommen, nog meevalt. 'Kees is een schat van een jongen,' zegt Petra. Ze vertelt het verhaal. Eerst was ze met een andere Kees. Die verruilde ze voor de huidige Kees. De vorige Kees pikte dat niet en stak de brommer van zijn rivaal in brand. Ook mepte hij hem op een keer in een van de steegjes van achteren neer, bewusteloos. 'Terwijl ik met hem stond te zoenen,' zegt Petra. Voor Kees was de maat vol. Met een daverende klap verbrijzelde hij de autoruit van zijn voorganger. Deze deed aangifte en huidige Kees werd van zijn bed gelicht. 'Mijn eerste Kees loopt nog vrij rond,' zegt Petra. 'Ik hoorde dat hij pas geleden is getrouwd en gewoon weer naar de kerk gaat, de schijnheil.'

Het ging de Lelystadse politierechter, die op 23 november Kees en zeven andere leden van Kat in 't Bakkie voor zich had staan, niet om de autoruit. Zwaarder woog de betrokkenheid bij het molesteren van twee Duitse toeristen in discotheek De Dichte Deur en de zaterdagse slooptochten waarbij steevast de ruiten van het politiebureau aan diggelen gingen. 'Die Duitsers stonden als homofielen met zonnebrillen op in de discotheek te dansen alsof ze de baas waren,' zegt Jan, die in de haven boten schuurt. 'Dan moeten ze niet raar opkijken als ze gemept worden.' Voor de Urker horeca, die zich in een stichting heeft verenigd, was het reden genoeg alle leden van Kat in 't Bakkie te beboeten met een zelfingestelde rode kaart. Geen van de vier legale Urker horecagelegenheden mochten ze nog betreden. De eigenaar van Polder-Inn doet aan 'die klassenjustitie' niet mee. 'Ik ben op hun hand, hier zijn ze welkom.' Hij heeft de rode kaarten achter de bar tussen de whiskyflessen aan de muur gehangen.

Het gros van de Urker jeugd woont tot aan het trouwen bij de ouders in. Volgens de statistieken verlaat vrijwel geen van hen het dorp. Afgezien van de vier bestaande etablissementen biedt het voormalige eiland weinig vertier. Verzoeken om extra horecavergunningen wijst het orthodoxe gemeentebestuur al jaren van de hand. Het clandestiene horecawezen tiert welig. Er bestaan op Urk naar schatting zo'n dertig illegale barretjes, verstopt in zeecontainers en op krappe zoldertjes, waartegen sterk gereduceerd tarief allerlei sterks wordt geschonken. Op die plekken komt de calvinistisch onderrichte jeugd met wereldse verlokkingen in aanraking. Op die plekken barst het nauwe, van huis en kerk uit aangesnoerde keurslijf ongodsdienstig open.

Het proces tegen de lui van Kat in 't Bakkie staat niet op zichzelf. Op 10 maart 1999 werden tien eigengerechtige Urker jongeren gedagvaard, waaronder leden van Kat in 't Bakkie. Zij hadden de woning van twee van zedendelicten verdachte broers met stenen bekogeld. Een woedende menigte Urkers had de broers daarop voorgoed het dorp uit gejaagd. Een andere groep jongeren bestormde in februari 1998 shoarmazaak Shalom, nadat het gerucht in omloop was gebracht dat een van de Turkse eigenaren een relatie was begonnen met de ex-vriendin van een Urker.

Loet komt binnen. 180 uur dienstverlening kreeg hij van de Lelystadse politierechter aan zijn broek. Met een eigen kratje schuift hij aan. Hij vertelt over de nachtelijke zwempartij die de rechter hem niet licht vergaf. 'Op een keer kregen we zin om te zwemmen. We hebben wat tegels bij zwembad 't Bun naar binnen gemieterd en we zijn baantjes gaan trekken.' Toen de politie arriveerde, waren ze alweer vertrokken. Terug in de kroeg konden ze hun mond er niet over houden. De meisjes die het opvingen hadden maandagochtend in de visverwerking aan de band weer wat te kletsen. In een mum van tijd wist heel het dorp ervan. Loet verdwijnt naar de gang. Hij keert terug met een masker op. Een paar meisjes gillen.

Jacob benadrukt hoe bevreesd men hier op Urk is voor hun ploeg. Toen op een keer de hoge heren op het stadhuis hadden bepaald dat voortaan louter nog tapbier in de Urker horeca toegestaan zou worden, riep hij zijn trawanten op om bij het huis van burgemeester Veninga te verzamelen. 'We zijn toen gaan barbecuen in z'n tuin, we hadden het vlees zelf meegebracht.' Bevreesd voor de jongelui vluchtte Veninga zijn huis uit. Gealarmeerde Urker dienders sommeerden de jongelui op vriendelijke toon het vlees op te eten en dan direct het perceel te verlaten. 'Dat vonden we alleszins redelijk,' zegt Jacob. 'Maar ineens stond daar een peloton ME'ers uit Emmeloord. Met honden en knuppels zijn we de tuin uitgejaagd.' En toch, het tapbier is er nooit gekomen.

'Het is erger dan Sodom en Gomorra hier,' zegt dominee Klok van de Oud-Gereformeerde Gemeente. Volgens hem laten steeds meer Urker jongeren de kerken links liggen. Samen met de ouderlingen zet hij alles op alles om de uittocht te keren. 'We proberen zoveel mogelijk te vermanen en de gevolgen ervan voor te stellen. Het is de bedoeling binnenkort weer vaker post te vatten voor die gelegenheden.' Vanuit de kerken is van alles geprobeerd om de enkele gelegenheden die Urk telt voorgoed dicht te krijgen. 'Als het aan ons lag zou alles dichtgaan, maar helaas, wij zijn de baas niet meer.'

Van Kat in 't Bakkie heeft de dominee gehoord. 'Dat is helemaal van God los. Die komen niet eens meer op catechisatie.' De hele Urker geschiedenis lang is er geen jeugd geweest die zich zo bezondigde, meent de dominee. 'Vroeger was een jongere in een café al buitensporig. Maar toen beschikten ze niet over zo veel geld. Bovendien waren er toen geen drugs, en de verleidingen lang zo groot niet.' De dominee klampt zich vast aan het verhaal van Samuel die werd grootgebracht in een goddeloze omgeving, maar dankzij een vurig biddende moeder toch behoed kon worden voor het kwaad. Hij houdt de ouders in zijn gemeente voor dat de jeugd op deze wijze 'het oordeel der verwoesting' over zich afroept. 'Het is mij een raadsel dat de Heer dit nog draagt.'

Bij de giromaat aan de Klifkade houdt Klaas (21) z'n Audi halt. In de auto zitten Wouter (19) en Jan (21). Vanavond toeren ze met populaire house op door de smalle straatjes in het dorp. Met Kat in 't Bakkie hebben ze niks te maken, bezweert Jan. 'Wij zijn van een andere ploeg, van de Pooibar. We zijn op gezelligheid uit, niet op vechten.' Hij is nog eens een keer met eentje van Kat in 't Bakkie naar de kermis in Emmeloord geweest. 'Zwaar bezopen zat hij achter het stuur, vijf wijven achterin. Hij had een blauw zwaailicht achterin liggen, dat ging op het dak. Met tweehonderd richting Emmeloord. Toen zijn we gepakt. Mijn ouders waren razend.'

Net als enkele andere illegale bars is de Pooibar gesloten. In het kader van een actieplan, opgesteld door de Urker horeca die door het illegale kroegencircuit veel omzet zegt mis te lopen. 'Binnenkort gaan er op het gemeentehuis wat stenen door de ruiten,' zegt een andere Jan. We komen hem later op de avond tegen in de illegale Melkbar, gevestigd in een tochtige stacaravan op een boerderij tussen Urk en Tollebeek. Binnen zit, brand- en veiligheidsvoorschriften tartend, een dertigtal jongeren op pluizige bankjes tegen elkaar aan gedrukt. 'Een *spätje* (Beerenburg-cola – JVC) kost negen gulden in de gewone kroegen,' schreeuwt de tweede Jan boven de muziek uit. 'Het is een schande dat ze de illegale barretjes dicht willen hebben.' Iedereen in de Melkbar wordt opgeroepen de volgende zaterdag met de hardst opgevoerde brommers naar de vrijblijvende snelheidscontrole te komen.

In de Audi met Jan, Klaas en Wouter terug. De drie zitten niet in de vis. Jan bestuurt een graafmachine. In de buurt van Almere graaft hij aan een industrieterrein. Om zijn nek hangt een ketting met daarin een vergulde grijper. Klaas en Wouter werken beiden in een vuilniswagenfabriek in Emmeloord. Hooguit reist Wouter af en toe naar Harlingen, om kisten vis op de vrachtwagens te sjouwen, als extraatje. Hij heeft wel eens aan boord gezeten. 'Het is loodzwaar werk. Telkens lig je hooguit twee uur in de kooi, dan word je eruit geschopt om die netten op te sjorren. Er is geen CAO, geen pensioenregeling, niks. Je bent de hele week van huis, van maandagvroeg tot zaterdagvroeg. De lonen aan de wal liggen tegenwoordig net zo hoog als in de vis. Waarom zou ik nog?' Z'n kompanen knikken instemmend. 'Die er nog op zitten, zijn rauwe klanten. Ik hoef daar niet tussen te zitten.'

Thuis heeft vooral Klaas het zwaar. Hij heeft zes broers en zussen, ze zijn oud-gereformeerd. 'We hebben geen televisie. Ook geen computer. Op zondag mag ik niet telefoneren. In de bars mag ik niet komen. Ik lieg altijd over waar ik heen ga.' Gisteren is hij stiekem naar Ajax geweest. 'Als ze daar achter komen ligt mijn kop eraf.' Hij kwam een keer met een meisje van de hervormde gemeente thuis. 'Mijn ouders pakten een boekje erbij en begonnen voor te lezen wat de dominee over die kerk geschreven heeft.' Toen hij een keer een woensdagdienst verzuimde, namen zijn ouders hem schoenen en jas af.

Bij Wouter, vier broers en zussen, hervormd, is het minder moeilijk. Hij mag internet op en televisiekijken, zelfs op zondag. Een bar bezoeken is de laatste jaren ook wel toegestaan. 'Als ik een keer geen zin heb, ga ik niet naar de kerk,' zegt hij. Ook de catechisatie slaat hij wel eens over. 'Het heeft toch niet veel om handen. De dominee pakt een onderwerp, dan lult-ie drie kwartier en is het amen.' Met zijn opa heeft hij wel problemen. Die is ouderling en posteert zich zo nu en dan bij de ingang van een etablissement. 'Soms staat hij bij De Dichte Deur. Ik moet dan langs hem. "Je weet dat dit niet hoort, Wouter," zegt hij dan. Ik loop gewoon door.' Zijn vader sleurde hem op een zondag uit de pizzeria. 'Hij was niet boos, hij wil alleen niet dat er over ons gesproken wordt.'

Volgens Wouter gebeurt het op Urk wel vaker dat ouders hun kind een gelegenheid uit slepen. 'De dominee van de oud-gereformeerde gemeente heeft zijn zoon wel eens uit De Dichte Deur gehaald,' zegt Klaas. 'Hij is zo naar binnen gestapt, z'n hoed nog op, dat zwarte pak nog aan. Die zoon is de volgende dag uit wraak tijdens de dienst op een crossmotor om de kerk gaan rijden. De dominee heeft toen het motorblok eraf gehaald.' Jan heeft het thuis gemakkelijk, rustig gereformeerd als ze bij hem zijn. Hij heeft zelfs toestemming om muziek te draaien in bar Het Anker. 'Ik houd wel rekening met wat ik draai. Geen blasfemische teksten.' Alledrie zweren ze Urk nooit te verlaten. En te trouwen met een Urker meisje. Voor inteelt – het percentage verstandelijk gehandicapten als gevolg daarvan is landelijk gezien op Urk het hoogst – zijn zij niet bang. 'De stelregel is dat je nooit een direct familielid trouwt,' zegt Wouter. 'Een achternicht, dat kan nog wel.'

Er is veel veranderd op Urk, en er is weinig veranderd. In het dorp slaan de kerkklokken twaalf uur. In overeenstemming met het gebod zijn de etablissementen gesloten en de straten verlaten. Alleen voor de deur van Polder-Inn is rumoer. Straalbezopen starten de jongens van Polder-Inn hun voertuig. Tot vroeg in de ochtend drinken ze door in verschillende illegale bars. In een leegstaand huis waar Loet de sleutel van heeft, ligt een voorraadje cocaïne. Petra haalt een spiegel te voorschijn, Jacob legt wat lijntjes klaar. Als ze in de vroege ochtend op huis aan gaan, begeven de gelovigen zich op weg naar de eerste vroege zondagsdienst. Bij zijn kerk stapt Jacob uit de auto en sluit zich aan in de stoet.

DE MOED DER
WANHOOP

De man die 2½ jaar dood lag

Het huis van Ton Zuur in het Rotterdamse stadsdeel Hoogvliet staat leeg. Nummer vijftien, op de derde verdieping van het eerste woonblok aan het begin van de Desdemonastraat. Er staat een kunstplant voor het raam. Het perceel zal niet meer verhuurd worden, woningbouwcoöperatie Maasoevers wil dit type portiekflats over vijf à tien jaar toch slopen. Aan de voorkant keek Zuur uit op grauwe naoorlogse nieuwbouw aan een kaarsrechte straat. Op de blinde muur van het overliggende huizenblok is een grote vlinder geverfd. Een aantal maal per uur passeert bus 78 van en naar het metrostation. Aan de achterzijde is een grasveldje en een brede sloot met snaterende eenden. Verderop ligt basisschool De Notenkraker en de Wilhelm Tellplaats, een mistroostig winkelcentrum. Rechts steken de schoorsteenpijpen van Pernis boven de daken van het afgelegen stadsdeel uit.

Zuurs brievenbus is dichtgeschroefd, z'n naambordje verwijderd. De nummers elf tot en met achttien delen een centrale voordeur die vaak wijdopen staat. In de hal een rijtje vuilniszakken en een stapel gouden gidsen. Door het trappenhuis omhoog naar de dichtgekitte deur met sporen van braak. Voor de kerst is er binnen chemisch gereinigd, het laatste restje verzadigd ongedierte stierf achter de plinten. Maar ook de mannen van de Roteb hebben de plek op de vloer er niet uitgekregen. De plek herinnert aan een mislukt leven, falende hulpverlening, gebrekkige sociale controle, laks recherchewerk en doorknarsende bureaucratische raderen. Twee jaar en vier à vijf maanden heeft Zuur er dood gelegen. Twee jaar en vier à vijf maanden voordat iemand doorhad dat er iets niet in de haak was. Terwijl buiten de wereld voortraasde vestigde Zuur met die lange ligtijd een sinister record (zie kader op p. 190-191).

Zaterdag 21 september 2002 gaat de bel bij Lenie Krijntjes aan de Oudelandseweg, op steenworpafstand van de Desdemonastraat. Het is Wilma Kampers, echtgenote van Jean-Marie Kampers en goede bekende van Lenie en Jan Krijntjes. Ze kennen elkaar van het evangelisatiewerk dat ze verrichten op de tippelzone aan de Keileweg. Jean-Marie en Wilma Kampers zijn pas getrouwd en gaan binnenkort samenwonen in Wilma's huis in Vlaardingen. Jean-Maries woning aan de Desdemonastraat – nummer zeventien – moet worden leeggehaald. Wilma vraagt Lenie of zij maandag wat spullen aan de straat wil zetten, zelf moeten ze alletwee werken die dag. Ze keuvelen over de buurt, die er de laatste jaren sterk op achteruit is gegaan. 'Van Jean-Maries benedenbuurman snap ik niets,' zegt Wilma, 'hij reageert niet als je aanklopt en er zit zo veel post in z'n brievenbus.'

Jean-Marie Kampers, een metaalbewerker, staat elke ochtend om vijf uur op. Als hij om zes uur 's avonds thuiskomt van zijn werk doet hij eerst de ramen open, om de muffe geur te verdrijven. 's Avonds leest hij in de bijbel en heeft dan dikwijls last van vliegen. Twee verdiepingen onder hem is in de loop van het jaar 2000 de Antilliaanse Shanurka Noventa komen wonen die, zo verklaart ze later tegenover *De Telegraaf*, last heeft van onder meer muizen. Kampers heeft geen contact met haar. Als hij haar deur passeert klinkt er steevast stampende muziek. Met de overige bewoners heeft Kampers evenmin contact. Naast hem woont een Hindoestaans gezin, schuin onder hem een Kaapverdische jongen met zijn moeder, daaronder twee Turkse families.

Lenie Krijntjes is er niet gerust op. Ze kent Ton Zuur van vroeger. Hij woonde met zijn ouders in een minuscule woning aan de Parelvissersstraat in Hoogvliet. De moeder van Ton Zuur, die 'het kattenvrouwtje' werd genoemd, kwam bij haar moeder over de vloer. Als Wilma Kampers vertrokken is belt Krijntjes met verzorgingshuis De Breede Vliet, waar de dementerende moeder van Ton Zuur tot haar dood in 1996 verbleef. Ze vraagt om gegevens van Hennie Zuur, Tons zuster. Ze is Tons enige overgebleven verwant, vader Piet Zuur is in 1998 gestorven. Wat later heeft Krijntjes Frits W. aan de lijn, de tweede man van Hennie Zuur. Zijn vrouw blijkt net te zijn vertrokken voor een reis door Viëtnam. W. heeft zijn zwager nooit ontmoet. Hij geeft Krijntjes toestemming om Tons brievenbus, beneden naast de centrale voordeur, leeg te halen.

De post lijkt met een heipaal aangestampt. De enveloppen op de bodem dateren van mei 2000. Thuis belt Krijntjes wat instanties. De woningbouwcoöperatie zegt dat ze nog iedere maand keurig de kleine zeshonderd gulden huur binnenkrijgt. Het energiebedrijf meldt dat Zuur z'n elektriciteit gewoon betaalt, maar dat zijn maandbedrag in januari 2001 is 'ingeschat' omdat de meterstanden niet zijn doorgegeven. Uit GAK-brieven maakt Krijntjes op dat Zuurs WAO-uitkering sinds diezelfde maand is opgeschort omdat hij formulieren niet heeft teruggestuurd. Een Fortismedewerkster vertelt dat hij op 23 mei 2000 een laatste kasopname heeft gedaan. Driehonderd gulden, zoals elke maand. Op zijn rekening stond op dat moment zo'n twintigduizend gulden. Zuur heeft ook een spaarrekening, eind jaren negentig geopend, waar veertigduizend gulden op staat, afkomstig uit de nalatenschap van een tante. De medewerkster zegt dat hij er nooit een cent van opgenomen heeft. Haar bank stuurt geen afschriften meer omdat de post die retourneert. Bij de gemeente Rotterdam zeggen ze dat Zuur is 'geëmigreerd'. Later verklaart Burgerzaken dat hij uit de gemeentelijke basisadministratie was verwijderd vanwege 'de mededeling van een instantie die via de PTT bericht had ontvangen dat betrokkene van dit adres vertrokken was'.

Hennie Zuur is vijf als haar broertje Anthonie Pieter op 15 september 1946 ter wereld komt. Het gezin bewoont een krap huisje in de Pijperstraat in het Rotterdamse Crooswijk, waar de kinderen de Talma-school bezoeken. Ton is een pestkop die meer tijd doorbrengt op de gang dan in de klas. Thuis is hij ook niet te houden. Nooit wil hij eten of slapen op het gewenste moment. Vader Piet Zuur, timmerman, en moeder

Victorine Croin-Zuur, huisvrouw, zijn allesbehalve gelukkig getrouwd. Ze weten zich geen raad met hun zoon. Klappen vallen er niet, al wil de jongen zelf anders doen geloven. Als hij zijn zin niet krijgt laat hij zich van de trap vallen en rent hij brullend naar buiten. Hij heeft één kameraadje, de latere komiek André van Duin. Het liefst speelt hij met zijn zus achter de Van Nelle-fabriek.

Op vijfjarige leeftijd wordt hij voor het eerst naar een tehuis voor moeilijk opvoedbare kinderen in Schiebroek gestuurd. 'Ik zal je maar nooit vertellen wat er op het internaat allemaal gebeurd is,' zegt hij op volwassen leeftijd tegen zijn zus. Soms is hij voor enkele maanden thuis, maar op last van de kinderbescherming vertrekt hij altijd weer naar het tehuis. Daar wordt bedacht dat de buitenlucht hem goed zal doen. Op zijn dertiende melden zijn ouders hem aan voor de binnenvaart. Hij hoeft nooit meer naar school en leert aan boord voor koksmaat.

Op zijn negentiende, hij is 1.73 lang en weegt zeventig kilo, krijgt hij zijn monsterboekje uitgereikt. Na injecties tegen cholera en tyfus mag hij de grote vaart op. Van januari 1965 tot augustus 1966 monstert hij aan als kok op de schepen Silvaplana, Realta, Graveland en Gruno. Geen tropische bestemmingen, staal halen in Antwerpen en China-klei van Engeland naar Hamburg vervoeren. Aan het leven op zee houdt Zuur geen blijvende vriendschappen over. In 1967 vestigt hij zich in Amsterdam en gaat als kok aan de slag in talloze etablissementen, waaronder het Nieuw Slotania-hotel. Zijn dienstverbanden houden nooit lang stand. Hij komt te laat of maakt ruzie met een meerdere.

Maandag 23 september 2002 belt Lenie Krijntjes met bureau Zuidplein. Dinsdag begeeft ze zich naar de politiepost in Hoogvliet. 'We moeten wat zaken controleren voor we naar binnen kunnen,' zegt wijkagent Erik Groenenboom. 'Dat heb ik al gedaan,' zegt Krijntjes, en vertelt van haar belronde. Rond twee uur die middag forceert Groenenboom de deur. De geur slaat op zijn maag. Hij waadt door spinnenwebben en ziet 'vliegen die het niet meer doen'. 'Dat betekent dat er nauwelijks nog iets te halen valt,' aldus Groenenboom. De woning staat vol met honderden blikken, potten, flessen en dozen geconserveerd voedsel. Daarnaast stapels kleding, deels nog in verpakking, en allerlei elektrische apparaten. 'Het was opmerkelijk netjes gerangschikt,' zegt Groenenboom.

Naast het veldbed in de achterkamer stuit de wijkagent op de overblijfselen van een lichaam. Hij haast zich de woning uit, belt de recherche en politiearts Van Leeuwen. Na inspectie geeft die het predikaat 'natuurlijke dood' af. Opmerkelijk snel krijgt begrafenisonderneming Bol & Goedzee opdracht de restanten te verwijderen. Dinsdagavond al banen mannen met speciale overalls, handschoenen en een mondkapje zich een weg in de richting van het veldbed. De restanten van Ton Zuur worden met een schep in een zak geveegd en op een brancard naar beneden gedragen.

Jean-Marie Kampers hoort van de vondst en herinnert zich de laatste keer dat hij Ton Zuur zag. Deze strompelde toen gehavend de trap op. 'Z'n mond bloedde en hij had een blauw oog,' vertelt Kampers. 'Hij zei: "Ze hebben me weer te grazen gehad." Ik vroeg of ik een dokter moest bellen. Dat hoefde beslist niet.' Later zag Kampers naast Zuurs voordeur een bloedvlek op de muur. 'Het was alsof iemand met een kip zonder kop tegen de muur had geslagen. Ik heb op zijn deur gebonsd maar hij reageerde niet. De muur heb ik schoongemaakt.' Als Krijntjes Kampers' verhaal hoort, geeft ze het meteen door aan agent Groenenboom. Groenenboom zegt het te hebben doorgespeeld aan de recherche. De recherche benadert Kampers niet. Wel staan dinsdag even voor zessen twee rechercheurs bij Krijntjes op de stoep. Krijntjes: 'Ze zeiden dat Zuurs schedel was geïnspecteerd en dat er niets was gevonden.'

In januari 1967 wil Ton Zuur trouwen met een welgesteld meisje. Hij heeft reeds een uittreksel uit het geboorteregister aangevraagd als de ouders van het meisje tussenbeide komen. Ze blijkt zwanger van hem te zijn; de ouders dwingen haar de vrucht te aborteren. Na het afgelaste huwelijk gaat Zuur talloze verhoudingen aan. Hij verkent het nachtleven en zet het op een drinken. Schulden lost hij af door nieuwe schulden aan te gaan. Hij betrekt een kamer boven een bordeel en begint een relatie met een van de meisjes. In 1974 vliegt hij naar Tenerife en huurt daar een caravan. Hij verleidt een getrouwde vrouw en moet het eiland verlaten omdat de echtgenoot hem te lijf wil gaan. In 1976 koopt hij een woning aan de Amsterdamse Wilhelminastraat. Hij houdt de boel er overdreven netjes. Zijn hamsterwoede ontstaat, één muur gaat tot aan het plafond schuil achter blikken. De gordijnen blijven gesloten, hij is ervan overtuigd dat iemand hem bespiedt. Post maakt hij niet open, soms plakt hij de brievenbus dicht. Z'n gloednieuwe racefiets geeft hij weg aan een neefje.

In 1980 moet hij de woning onder druk van schuldeisers verkopen. Zijn zus Hennie en haar eerste man durven hem niet in huis te nemen. Hij heeft geen vrienden en komt op straat te staan. Terug in Rotterdam slaapt hij bij het Leger des Heils. Af en toe doet hij, al dan niet in beschonken toestand, het ouderlijk huis in de Parelvissersstraat aan. Hij is er niet erg welkom omdat hij plast in zijn slaap. In 1982 betrekt hij een gemeubileerde kamer in Poortugaal. Daar gooit hij in een dronken bui de inboedel uit het raam. Gedwongen opname in het Delta Psychiatrisch Ziekenhuis te Poortugaal volgt. Na enkele maanden in paviljoen Dorpsblik wordt hij ontslagen. Hij vindt een kamer in een ongure flat aan de Rotterdamse Heemraadsingel. Het drinken verhevigt en wanen bevangen hem. Hij is ervan overtuigd dat hij Frank Sinatra is. Tegen zijn zus zegt hij dat hij nooit geboren had mogen worden.

Op een avond in 1986 slaat hij een fles toiletontstopper achterover. Buren die op het gekrijs afkomen, menen met een drugsgebruiker van doen te hebben en schoppen hem de flat uit. Wekenlang ligt hij op de intensive care van het Dijkzigt-ziekenhuis. Na een halfjaar praat hij weer. Zijn slokdarm is weggebrand, er wordt een tijdelijke prothese geplaatst. Voortaan kan hij alleen nog vloeibaar voedsel tot zich nemen. Met tegenzin begint hij aan een psychiatrische behandeling in de Sint Bavo-kliniek te Noordwijkerhout. Hij gedraagt zich voorbeeldig en staat na enkele maanden opnieuw op straat. Zijn inmiddels aan blaaskanker lijdende vader regelt met hulp van Francine van Ringelesteijn van de thuiszorg een woning aan de Barijnstraat in Hoogvliet. Van Ringelesteijn sprokkelt een complete inboedel voor hem bijeen.

Zuur laat zijn haar groeien en hult zich in legerkleding. Hoewel het pijpje ter vervanging van zijn slokdarm tijdelijk bedoeld was en hij nog een keer geopereerd moet worden, verschijnt hij niet meer in het hospitaal. Een keer dringt de politie bij hem binnen omdat zijn ongeruste vader aan de deur geen gehoor krijgt.

Na twee jaar wordt de woning aan de Barijnstraat gesloopt en krijgt Zuur het huis aan de Desdemonastraat toegewezen. Zijn paranoia blijft. Hij plakt de brievenbus dicht en schakelt de bel uit. Voor niemand gaat de deur nog open. Op een keer laat zijn vader zich met Jean-Marie Kampers in verbinding stellen. Kampers: 'Hij vroeg of ik een oogje in het zeil wilde houden. Dat heb ik gedaan. Ik keek de keuken in en zag het licht branden, een andere keer was het uit. Dan wist ik dat hij er nog was. Na een tijdje lette ik niet meer op.'

Als zijn ouders in 1996 en 1998 overlijden, verschijnt hij niet op de begrafenis. Het geld uit de erfenis wil hij niet ontvangen. Buurtbewoners zien hem af en toe naar de Wilhelm Tellplaats schuifelen en met volle boodschappentassen terugkomen. Soms houdt hij halt bij de glasbak om naar flessen met statiegeld te tasten. Op straat kijkt hij niet op of om, ook niet als de groep jongens die zich tegenover zijn flat ophoudt 'Jezus' of 'Rambo' naar hem roept. Kampers: 'Ton was een buitengewoon bijzonder mens. Een aparte die gepest werd en geslagen.' 's Avonds is hij sporadisch te vinden in het Wapen van Hoogvliet waar hij hooguit twee biertjes drinkt en gesprekken voert over de zeevaart met een zekere mijnheer Blijenburg, inmiddels overleden. In de zomer kampeert hij op een camping in Overschie. Heel soms zegt hij de andere bewoners in het trappenhuis besmuikt gedag. Ergens in mei of juni 2000 komt hij voor de laatste maal thuis. Kampers zegt achteraf wel iets te hebben geroken. 'Maar het stonk daar altijd. Geur van vuilniszakken en van die multiculturele maaltijden. Er waren vliegen, maar dan denk je toch niet aan een lijk?'

Donderdag 26 september 2002 krijgt zwager Frits W. de sleutel van rechercheur Dijkstra van bureau Zuidplein. Hij begeeft zich met Krijntjes naar de Desdemonastraat. W. opent de deur en met een doek voor de mond begeven de twee zich in het huis. In weerwil van de voorschriften blijkt de woning niet chemisch gereinigd te zijn. 'Dit is niet normaal,' zegt Krijntjes als ze de plek aanschouwt waar Zuur gelegen heeft. De firma Bol & Goedzee heeft een schep tegen het bed laten staan. Op de plek liggen nog botjes en wat plukken haar. In het hele huis krioelt ongedierte, gitzwarte glimmende spinnen schieten weg onder de vloerbedekking. W. duwt Krijntjes naar buiten. Twee dagen later besluiten ze de opruimwerkzaamheden alsnog te beginnen. Krijntjes schakelt de stroom weer in. Zachtjes begint muziek te spelen, Radio Rijnmond. 'Onder het bed lag een stekkerbak,' zegt Krijntjes. 'Door het lijkvocht is kortsluiting ontstaan.'

Dagenlang zijn ze bezig met het afvoeren van de voorraden. Met wierookstaafjes wordt de kwalijke lucht verdreven. Kleding en nog bruikbare levensmiddelen gaan naar Ria uit de Spanjaardstraat, die zich ontfermt over daklozen. Terwijl zij tot vijfmaal toe haar auto volpropt, worden binnen de contouren van de woning zichtbaar. Aan de met hout betimmerde muur in de woonkamer hangen een klapperpistool, een barometer, een petroleumlamp, een kalender en wat lijstjes met maritieme afbeeldingen. Op de schoorsteenmantel boven de kachel staan een antieke klok, een tuinkabouter en een lamp zonder kap. Boven het bed hangt een KLM-poster van een cockpit. Op een tafeltje naast het bed een stereo, een koptelefoon en bandjes van Frank Sinatra, Fats Domino en Creedence Clearwater Revival. Tegenover het bed staat een bureau met globe en twee radiotoestellen. Overal kunstbloemen en -planten, op het dressoir een minikunstkerstboom met verlichting. In de keuken vinden ze de asbak waar Zuur zijn halfzware Van Nelles in uitdrukte. Krijntjes maakt er allemaal foto's van.

Er zijn geen bezittingen die licht werpen op Zuurs persoon. Geen dagboek, geen fotoalbum. W. vindt een ordner waarin officiële documenten als bankafschriften en polissen bewaard worden. In een kast staan kookboeken, woordenboeken, scheepvaartlectuur, reisboeken, land- en vaarkaarten. Als ook die verwijderd zijn, gaat het meubilair naar buiten, inclusief krioelende inhoud. Een aantal spullen, zoals de globe, de kachel en de ventilator, worden later door geïnteresseerden van de straat weggenomen. Krijntjes zuigt het in de woning achtergebleven ongedierte zoveel mogelijk op. De vensterbanken neemt ze met een doek af. 'Wat moet ik met die botjes doen?' vraagt ze. 'Doe maar gewoon bij het vuil,' zegt W. Als het huis leeg is, rollen ze de vloerbedekking op en dragen die met de gordijnen naar beneden. Aan het eind van de dag komt de Roteb langs met een grofvuilwagen met grijper. Tien dagen zijn ze bezig geweest. Het huis blinkt, op die ene plek na.

'De politie hoort er voor te zorgen dat de woning chemisch gereinigd is voordat nabestaanden de sleutel krijgen,' zegt agent Groenenboom. 'Dat is niet gebeurd doordat de zaak aan de recherche over is gedragen. Zij hadden eerst de reinigingsdienst moeten bellen. Die zouden met ontsmettingsmiddel gespoten hebben en het tapijt en dergelijke verwijderen.' Abilio Lopes, de Kaapverdische jongen die naast Zuurs appartement woont, is geschokt. 'Waarom is dat huis niet meteen gereinigd? Ons is nooit wat verteld. Mijn moeder heeft sinds een jaar last van waterige ogen en pijn in haar longen.'

Een week na de vondst geeft de officier van justitie toestemming tot lijkbezorging. Daarbij baseert hij zich op het niet-openbare rapport van schouwarts Van Leeuwen ('natuurlijke dood') en het recherchewerk. 8 oktober 2002 vindt de crematie plaats. Zus Hennie is terug van vakantie. Met W. verschijnt ze bij het huis van Jan en Lenie Krijntjes. In het Yarden-crematorium aan de Maeterlinckweg wachten de vier in een klein zaaltje. Op verzoek draait de ceremoniemeester 'My Way' van Frank Sinatra. Na afloop wordt wat as in een urn geschoven. Bij de Krijntjes drinkt het gezelschap nog een kop koffie. Jan en Lenie krijgen een enveloppe met inhoud en mogen een klokje en een beschilderd bord uit het huis houden. Zus en zwager vertrekken naar huis.

Na de crematie blijven geruchten de ronde doen. De verklaring van Kampers wordt bevestigd door de vaste bezoekers van café Dopey, het vroegere Wapen van Hoogvliet. 'Hij werd bestolen,' zegt mevrouw Cock. 'In het café wilden anderen dat hij betaalde. Ik heb hem zien lopen met verband om zijn hoofd.' Karel Hagendoorn, oud-voorzitter van de Hoogvlietse vereniging van bewonersraden, zegt dat Zuur op straat werd lastiggevallen door een groep jongens die zich ophield in de buurt van de flat met de vlinderbeschildering. 'Ze crosten rond op scooters en deden agressief. Hij was duidelijk het object van hun pesterij. Die jongens vonden hem natuurlijk een zonderling. Ik heb de wijkagent verwittigd en de politie heeft ze uiteindelijk verjaagd. Ton was toen waarschijnlijk al gestorven.' Dat er een verband is tussen Zuurs dood en de pesterijen durft Hagendoorn niet te beweren. 'Het had in ieder geval uitgezocht moeten worden,' zegt hij. Al die maanden dat Zuur op driehoog dood lag, leidde Hagendoorn vergaderingen over onder meer betere sociale controle in de buurt, in het kantoortje dat op de begane grond van de portiekflat is gevestigd. Wijkagent Groenenboom: 'Het gebeurt wel vaker dat ik zaken op deze manier afgesloten zie worden terwijl ik weet dat er meer aan de hand is.' Zuur heeft volgens hem nooit aangifte gedaan.

Huisarts K.F. van Eijk, die aanvankelijk niet weet dat het zijn patiënt betreft, meldt dat hij Zuur nooit gezien heeft. Hij beschikt niet over zijn medisch dossier, net zomin als zijn voorganger erover beschikt. 'Het is de verantwoordelijkheid van de patiënt om te zorgen dat het dossier bij ons komt,' aldus Van Eijk. Bij de vroegere Sint Bavo-kliniek, tegenwoordig onderdeel van de Bavo RNO-groep, zijn ook geen dossiers over Ton Zuur te vinden. Die zijn 'tien jaar na beëindiging van de zorgovereenkomst conform protocol' vernietigd, laat geneesheer-directeur A.S.J. Wolters weten. Tevens is 'al ons personeel' gewisseld. Wolters voegt toe dat de kliniek indertijd functioneerde als 'overloopziekenhuis voor het APZ Delta' (het Delta Psychiatrisch Ziekenhuis – waar evenmin een spoor van Zuur terug te vinden is – zegt overigens dat het nooit 'overloopziekenhuis' is geweest) waardoor 'het regelen van vervolgzorg na de klinische opname nagenoeg onmogelijk' was. Het was toen volgens Wolters gebruikelijk dat de nazorg weer 'teruggelegd' werd naar de RIAGG, 'die ook als verwijzer was opgetreden'.

'Het lijkt mij dat er hier een ongelooflijke fout is gemaakt indien er inderdaad geen nazorg is verleend,' zegt Anja von Rotz van RIAGG Rijnmond-Zuid. Na onderzoek blijkt dat Zuur hier geen cliënt is geweest: omdat hij woonachtig was aan de Heemraadsingel is hij waarschijnlijk 'met RIAGG Rijnmond-Noordwest' in contact geweest. Jos Lamee, directeur van dat RIAGG, wil geen uitspraken doen 'die de privacy van cliënt kunnen schaden'. In gelijke bewoordingen reageert psychiater R.C. van der Mast, die destijds als hoofd van de consulentendienst van het Dijkzigt-ziekenhuis gesprekken met Zuur heeft gevoerd. Zij gooit de hoorn op de haak.

'Dat kind is zo geboren,' zegt Hennie Zuur. 'Ik weet zeker dat het onvermijdelijk is geweest. Misschien als hij niet in dat internaat was gestopt. Met wat liefde van vaderskant had dat voorkomen kunnen worden,' zegt ze. Ze heeft niet de indruk dat het afgeblazen huwelijk en de abortus hem deerden. 'Ik heb God op mijn blote knieën bedankt dat hij nooit getrouwd is. Het was geen mens om mee te leven.' Na zijn zelfmoordpoging herkende ze haar broer niet meer terug. 'Het was net of hij niet meer wist wie ik was. Als ik mij toen niet van hem afgewend had, was ik er zelf aan onderdoor gegaan.' Ze vindt, achteraf bezien, dat de schouwarts en de recherche in gebreke zijn gebleven. 'Ze hadden de plicht om uit te zoeken waaraan mijn broer op 54-jarige leeftijd overleden is.' Het idee dat hij het slachtoffer is van een misdrijf houdt haar 's nachts uit haar slaap. 'In gedachten ben ik honderden keren naar zijn flat gegaan. Dan deed hij open en hield ik hem vast.'

Frits W. heeft ontdekt hoe het kon dat zijn zwager zo lang zo veel geld op zijn rekening had staan. Maandelijks ontving hij een WAO-uitkering van ongeveer achttienhonderd gulden. De vaste lasten – huur, energie, verzekeringen – bedroegen nog geen duizend gulden. Minus de driehonderd gulden die hij opnam, bleef er elke maand een kleine vijfhonderd gulden over. Dat was dus zes mille per jaar. Als Krijntjes die zaterdagmiddag niet in actie was gekomen, berekent hij, hadden de deurwaarders pas in februari 2003 met een breekijzer aan zijn deur gestaan.

Vergeten overledenen

Ton Zuur is niet de eerste Nederlandse dode die pas na lange tijd gevonden werd. Wel is hij, voorzover bekend, de langst liggende, hoewel zijn geval afgelopen december bijna werd geëvenaard door dat van een twee jaar geleden overleden Hagenaar van zestig. Toestanden zoals in Italië en Rusland, waar na vijf jaar skeletten werden aangetroffen, hebben zich in Nederland voorzover bekend niet voorgedaan. Uit krantenonderzoek blijkt dat er tegenwoordig meer melding gemaakt wordt van late vondsten dan begin jaren negentig. In landelijke en regionale dagbladen werd in de periode 1990-2002 bericht van in totaal 72 vondsten, 52 mannen en twintig vrouwen die allen een natuurlijke dood zouden zijn gestorven. De jongste was 28, de oudste 84. Gemiddelde leeftijd van de aangetroffen lichamen bedroeg zo'n vijftig jaar. Vermoedelijk ligt het aantal vondsten in werkelijkheid hoger: er is geen instantie die het fenomeen centraal registreert en de politie is niet verplicht iedere vondst in de publiciteit te brengen.

De meeste vondsten werden gedaan in de grote steden. Negen in Rotterdam, zes in Amsterdam, vijf in Groningen, vier in Den Haag, drie in Eindhoven en twee in Utrecht. Maar ook afgelegen dorpen als Reuver, Ulrum, Kloosterzande en Offringawier hadden met het fenomeen te kampen. De vondst van Ton Zuur en de man uit Den Haag blijken spectaculaire uitschieters. Gemiddeld lagen de in dit onderzoek gesignaleerde lichamen er twee maanden. Andere uitschieters waren een 62-jarige man uit Hengelo en een 56-jarige Rotterdammer, die beiden in 1992 na een jaar gevonden werden, en een Hagenaar van onbekende leeftijd op wie men in 1999 na ruim een jaar stuitte. Onder de 72 vondsten bevonden zich een asielzoeker, drie gevallen van mogelijk drank- of drugsmisbruik en een man die door zijn geesteszieke vrouw vier weken lang verborgen werd gehouden. Schrijnendst was de dubbelvondst, na twee maanden, van een bejaard Rotterdams echtpaar. Zij raakte onwel waarop hij in ontreddering struikelde en zijn nek brak.

Woongriep in de woongroep

De koffie is op. Ongedurig mort Robert aan de kastjes. 'Dat heeft geen zin, die zitten potdicht,' zegt Jan. Op een kruk aan de andere zijde van de bar wacht hij met een lege mok. 'Je zult de sleutel moeten halen bij Annie. Die is van de barcommissie.' Robert sloft de centrale ruimte uit. Over het modderpaadje door de gezamenlijke tuin, waar takkenbossen slordig opgestapeld liggen. Annie woont in het middelste van de vijf sobere huizenblokken die in hoefijzervorm om de gemeenschappelijke ruimte van het Lelystadse Centraal Wonen-project, 'Hestia' genaamd, heen liggen.

Jan legt uit dat de barcommissie de belangrijkste van alle commissies is. Alleen leden van de barcommissie beschikken over de sleutels van de keukenkastjes, de vriezer en – allerbelangrijkst – de provisiekast. Daarin staat een grote hoeveelheid drank. De sloten zijn al kort na de oprichting in oktober 1987 aangebracht. Iemand binnen het project nam er stelselmatig sterke drank uit weg.

Van de huidige vijftig bewoners zijn alleen Els, Ellen, Wil, Margreet, Sherab en Boudewijn er vanaf het allereerste begin bij. Een vage glimlach breekt door als je hen vraagt naar die tijd. 'Het had toen wel iets van een commune,' zegt Sherab, een prakkiserend boeddhist met een kaalgeschoren schedel. 'Als je 's ochtends uit het raam keek, zag je allemaal schimmen van het ene naar het andere huis schieten.' Aan huis verkoopt Sherab Ekover-producten. 'Biologisch afbreekbare schoonmaakmiddelen. De enkeling die nog bewust leeft kan het bij mij voor een zachte prijs kopen. Vroeger werd dat in de centrale ruimte standaard gebruikt. Tegenwoordig schaffen ze zonder nadenken Dreft aan.'

De kritische alternatievelingen, op wie gemeenschappelijk wonen altijd aantrekkingskracht had, zijn in Lelystad lang geleden met de noorderzon vertrokken. Zoals Kees en Fronie en Carole en Nirdosh. 'Wij zijn vegetariërs en eten biologische producten,' zegt Kees aan de telefoon. 'Dat sloeg daar niet aan. Als anderen kookten moesten we zelf een vegetarisch recept leveren. Ik dacht: er zullen ook best wat macrobioten bij zitten. Niet dus.' Nirdosh poogde bewoners te ronselen voor een Milieudefensie-demonstratie tegen uitbreiding van Schiphol. Hoongelach was zijn deel. Maatschappelijke betrokkenheid is de bewoners van nu vreemd. 'Hemelbestormers, daar zit ik niet op te wachten,' zegt Edward als hij naast Jan plaatsgenomen heeft aan de bar. 'Mensen die hier komen om anderen van een politiek doel te overtuigen worden geweigerd. Macrobiotiek, Greenpeace, vegetarisme; alle respect, maar verwacht niet dat er iemand aan meedoet.'

Daar is Robert weer. 'Annie is niet thuis,' zegt hij. Hij deelt het tiental bewoners dat inmiddels is toegestroomd mee dat hij de koffie dan maar bij hem thuis zal gaan halen. 'Dat is wel een vereiste van Centraal Wonen,' zegt Jan. 'Je moet flexibel zijn en denken in het belang van de groep.'

Bij de landelijke Centraal Wonen-vereniging staan nog maar een stuk of vijftig projecten geregistreerd. In de jaren zeventig en tachtig van de vorige eeuw waren het er honderden. 'Het aantal projecten loopt langzaam terug,' zegt Beatries Kesler van de landelijke vereniging. De verbrokkeling van de collectieve gedachte voltrekt zich volgens haar bij projecten door het hele land. 'Je moet nu zeggen: we hebben minder tijd maar wel meer geld. Moeten we dan op die zaterdagochtend schoonmaken als we ons een werkster kunnen veroorloven? De tijden zijn veranderd.'

Ooit was het uitgangspunt van Centraal Wonen te komen 'tot restauratie van de eigen verantwoordelijkheid' en 'tot wonen als maatschappelijke activiteit'. Dat schrijft dezelfde Kesler in haar promotieonderzoek *Centraal Wonen in Nederland*. 'In een samenleving met ernstige sociale problemen en milieuproblemen is het van belang dat er creatieve alternatieven ontwikkeld worden, waarin naar integrale probleemaanpak wordt gestreefd en waarbij persoonlijk en professioneel betrokken personen elkaar ontmoeten en samenwerken. Centraal Wonen geeft daar de mogelijkheid toe.'

Los van het zondagse koffiedrinken, het vrijdagse soep eten en het borrelen – waar lang niet alle bewoners op af komen – beperkt de collectiviteit in de Lelystadse groep zich tot verplichte schoonmaakklussen en onderhoudbeurten. 'Ik ga niet met de hele groep om, ik maak een selectie. Wat ik niet leuk vind laat ik zitten,' vertelt Ellen aan haar keukentafel. In de begintijd was zoiets ondenkbaar. 'We waren elke dag met de groep. Met het project zette je je toch af tegen de maatschappij. Ik ben Dolle Mina geweest, heb op de Dam geslapen. Onze idealen probeerden we in het project gestalte te geven.' Iedereen had verantwoordelijkheidsgevoel. 'De tuin en de paden waren netjes omdat iedereen zich inspande. Nu wordt je ingedeeld. Je moet. Als iemand in een van de werkgroepen uitvalt ben je er niet zeker van dat een ander klaarstaat om het over te nemen.'

Enkele huizen verderop woont Margreet, de initiatiefneemster van het Lelystadse project. Als de bel gaat komt ze achter een spelcomputer te voorschijn. 'Ik heb ook wel eens iemand geld gegeven die in mijn plaats wilde schoonmaken,' bekent ze. Naar de ledenvergadering, die eens in de twee maanden belegd wordt, gaat ze allang niet meer. 'Het bestuur wat daar ministerraadje zit te spelen... Het was puur formeel bedoeld, nu lijkt vergaderen een doel op zich. Vroeger waren er geen regels nodig. Het ging allemaal vanzelf. Iedereen zette zijn schouders eronder.' In 1979 kwam Margreet op het idee. Samen met een vriendin, aan de bar van het Lelystadse vrouwencafé. 'We vonden het belachelijk dat iedereen maar in z'n buurtje woonde en de buren niet kende.' Met de mysterieuze drankdiefstal uit de keuken ontstond volgens Margreet de eerste barst in het Lelystadse project. 'Ineens moest alles tot in het extreme geregeld worden. "Om zes uur eten staat er in het reglement," zeiden ze als je om vijf over zes opdiende. En wee je gebeente als je te veel mensen van buiten had uitgenodigd. De groep werd steeds minder tolerant.'

De eerste aanzet tot Centraal Wonen werd in 1969 gegeven. Een zekere Lies van der Donk riep in een advertentie alleenstaande moeders op een wooneenheid 'met centrale keuken en eetzaal, een centrale wasserij, een kindercrèche, studieruimte, gezamenlijk te gebruiken logeerkamers en daarboven of daaromheen eigen kleine wooneenheden voor elk gezin' te ontwerpen. De respons was enorm. Het probleem van opvoeden en werken tegelijk bleek onder alleenstaande vrouwen wijdverbreid. In 1971 richtten ze de landelijke vereniging op. Ook opofferingsgezinde mannen en gezinnen meldden zich aan. In 1977 ging in Hilversum het eerste project van start.

De opkomst van Centraal Wonen hangt samen met het uiteenspatten van de communebeweging, die een reactie was op de starre 'gezinsstructuur' van de jaren vijftig. Die structuur was alleen maar goed 'voor het opschroeven van de konsumptie, voor verschraling van kontakten, voor isolement binnen het gezin', schrijft woongroepdeskundige Saskia Poldervaart in haar onderzoek *Huishouden in de woongroep*. De commune was als reactie echter te onbesuisd. 'Veel van de ideeën binnen deze kommunebeweging werden beïnvloed door een opkomende antiautoritaire houding en de ideeën, zoals die bijvoorbeeld ook bij een beweging als Provo te vinden waren,' noteert Poldervaart voorts. Door een al te grote bevlogenheid der deelnemers, die niet zelden ontaardde in sektarische uitwassen, waren de meeste communes slechts van korte duur. Vaak werden de idealen wat bijgeschroefd en ging men als woongroep verder. Door het hoge aantal deelnemers – de projecten bestaan uit gemiddeld dertig tot vijftig wooneenheden – leek Centraal Wonen een levensvatbare vorm van gemeenschappelijk wonen te zijn.

Bij de halte staat Boudewijn op de bus te wachten. Elke dag voert lijn 5 hem naar café Classic in het centrum van Lelystad. Daar drinkt hij zich een stuk in zijn kraag en keert met de laatste bus huiswaarts. Zonder Boudewijn zou het Lelystadse project in oktober 1987 nooit opgeleverd zijn. 'Het was een stel gescheiden vrouwen die elkaar kenden uit de vrouwenbeweging,' zegt hij, 'bijna allemaal zaten ze met kinderen.' We hebben afgesproken in de centrale ruimte waar hij al tijden niet meer geweest is. Wim, een van de weinigen die gebruikmaakt van de gezamenlijke wasmachine, laat zowat zijn wasgoed vallen als hij binnenkomt en Boudewijn ziet zitten. 'Omdat mijn vriendin er ook bij ging werd ik de eerste man in het project, dat toen de initiatiefgroep heette,' gaat Boudewijn door. 'Ze waren zo idealistisch als de pest. Vooral voor kinderen zou het een meerwaarde zijn, en nog wat van dat soort kolder. Als er iemand nieuw bij wilde zou die tot in het extreme moeten worden leren gekend. Ik zei: idealisme prima, maar ook gewoon zakelijk zijn.' Boudewijn coördineerde de onderhandelingen met de gemeente en de woningbouwvereniging. 'Ik kende de wethouder en het bestuur van de woningbouwvereniging, dat scheelde.'

De initiatiefgroep reed door het moderne Lelystad om ideeën voor bouwmaterialen en verfkleuren op te doen. Ze besloten het project 'Hestia' te noemen, naar een van de door vader opgegeten dochters van Rhea en Cronus die gold als beschermster van het heilige haardvuur. Er werd een Centraal Wonen-project in Hilversum bezocht en een weekend in Epe georganiseerd om alvast nader tot elkaar te komen. In oktober 1987 was alles in kannen en kruiken. 'Iedereen was razend enthousiast,' herinnert Els zich. 'We belegden eindeloze vergaderingen of er wel of geen drugsverslaafden bij moesten. We dachten dat we alles aan konden. Wel of geen televisie in de centrale ruimte, het ging hard tegen hard. In de zomer met elkaar op vakantie. Er was een schminkgroep, een yogagroep, ateliers, doka's en toneelvoorstellingen. Iedereen had toen ook tijd. Tegenwoordig is alles snel, mensen zijn op zichzelf betrokken. Het komt voor dat ik in mijn eentje moet schoonmaken omdat anderen niet op komen dagen. Dan stofzuig ik alleen maar even.'

Boudewijn was nog een tijdje actief in de barcommissie, maar haakte na drie jaar voorgoed af. Van drankdiefstal weet hij niets. 'Ik herinner me dat er een fiets gestolen werd. En dat er toen hardliners in het bestuur kwamen. Als ik kaarsen wilde kopen moest daar eerst een vergadering voor bij elkaar geroepen worden. Ik stopte ermee. Af en toe kwam ik nog eens eten. Als ik soep moest maken deed ik dat uit een pakje. Toen ze begonnen te zeuren ben ik helemaal afgehaakt.' Boudewijn kwijt zich nog wel van zijn financiële verplichtingen, maar de opgelegde deelname aan minstens één werkgroep lapt hij aan zijn laars. 'In de tuin werken of schoonmaken, dat is niks voor mij.'

Fysiek is hij er ook niet meer toe in staat. De drank heeft hem afgemat. Hij is van de groep geïsoleerd. 'Ze hebben me nooit benaderd als groep, om me te helpen. Ik heb het althans niet gemerkt. Ik weet niet hoe ik erop gereageerd zou hebben, maar een poging wagen had geen kwaad gekund.'

Een wereld waarin voor iedereen evenveel is en iedereen aardig is. 'Groepswonen, met gecollectiviseerde huishoudens en gecollectiveerde productie, werd heel vaak als ideaal gezien en in praktijk gebracht als vorm van verzet,' schrijft Saskia Poldervaart in haar onderzoek. 'Dit verzet richtte zich tegen maatschappelijke ongelijkheid, tegen te veel rijkdom, of was een reactie op wanverhoudingen in de maatschappij in het algemeen.' Het eerste tastbare bewijs van dat streven leverde Thomas More in 1517 met zijn boek *Utopia*. Het utopisch-socialisme dat hieruit voortsproot zou eeuwenlang gelijkgestemden in kolonies bijeendrijven. In Nederland was Walden van Frederik van Eeden het bekendste voorbeeld van een op utopisch-socialistische leest geschoeide gemeenschap.

Tot in de jaren zestig was het gezin de enige vorm van gemeenschappelijk wonen, waarop de voornoemde communebeweging weer zo heftig reageerde. 'Tegenwoordig is het gezin opnieuw de ultieme vorm van gemeenschappelijk wonen,' zegt Kesler van de Centraal Wonen-vereniging. Dat komt volgens haar door het toenemende welvaartsniveau en de oprukkende individualisering. Met het wegvallen van alomvattende ideologieën hebben de mensen de hoop om gelijkheid te bereiken opgegeven. Voor de bestaande vormen van gemeenschappelijk wonen geldt dat, willen zij overleven, het er zo gewoon mogelijk aan toe moet gaan.

Vijf huizen in het Lelystadse project staan leeg. Een tijdje geleden waren het er nog acht. Over de zwartste bladzijde uit de geschiedenis van het project, willen de bewoners slechts anoniem mededelingen doen. Na de drankdiefstal moet een groepje scherpslijpers onder leiding van bewoonster Elly het voortouw hebben genomen. Het huishoudelijk reglement werd tot in het extreme aangescherpt. 'Er ontstond een soort dictatuur,' zegt een van de bewoners. De toelatingsprocedure voor nieuwkomers werd aangescherpt. Drie maanden lang moest de nieuwkomer zich bewijzen, vooral in de keuken en bij het schoonmaken, om vervolgens een stemming af te wachten waar hij zonder opgaf van reden kon worden afgewezen. 'Het was pure ballotage,' zegt een andere bewoner. Veel nieuwkomers wachtten de stemming dan ook niet af.

De boel kwam tot ontploffing toen iemand binnen het project pamfletjes in de brievenbussen deponeerde om zo een haatcampagne uit te lokken tegen een nieuwkomer wiens moeder nota bene al in het project woonde. Voor een aantal oudgedienden was de maat vol, zij vertrokken. Ook Elly, wiens bewind de extreme situatie volgens veel bewoners mogelijk heeft gemaakt, verliet het project. 'Het was heel erg,' zegt Ellen. 'Mensen groetten elkaar niet meer. Iedereen wist al snel wie de pamfletjes had geschreven en wie er tegen had gestemd. Er is enorme schade aangericht. De vraag is of het ooit zal genezen.' Ondertussen dreigde de woningbouwvereniging dat als de huizen niet snel gevuld werden, zij zelf kandidaten zou gaan toewijzen.

'Afgelopen zomer lag het helemaal op z'n gat,' zegt Dorine in haar woonkamer. Als nieuwe voorzitter is zij van plan veel van de regels uit het reglement te schrappen. 'Het moet soepeler. Je mag je best wat meer terugtrekken als bewoner. Centraal Wonen is wonen in een buurtje waar je elkaar wat beter kent. En waarom zou die afwasmachine en die schoonmaker er per se niet mogen komen?' Haar eerste wapenfeit is de verandering van het aannamebeleid. Nieuwkomers draaien korte tijd mee en worden beoordeeld door een vijfkoppige commissie.

Edward heeft van het bestuur de opdracht gekregen na te gaan in hoeverre het mogelijk is van enkele wooneenheden binnen het project koophuizen te maken. 'Veel tweeverdieners met kinderen hebben het project al verlaten omdat ze een huis wilden kopen. Als we willen voorkomen dat kapitaalkrachtigen massaal wegtrekken, waarmee het hele project in gevaar komt, zullen we koopwoningen moeten realiseren.' Koopwoningen leveren ook risico's op, weet Edward. 'Op het moment dat je de koopwoning zou willen verkopen moet je een koper zien te vinden die in het project wil. Wat als je die niet vindt? Uiteindelijk moet je toch van je huis af. Dan verkoop je maar aan iemand die geen affiniteit ermee heeft.' Veel bewoners denken daarom dat koopwoningen het einde van het project betekenen. 'In theorie is het inderdaad mogelijk dat iemand een schutting om zijn tuin bouwt,' zegt Edward. Niet alleen trekken de rijkeren weg, de allerarmsten komen er niet meer in. De huurprijzen zijn tot flinke hoogte gestegen en huursubsidie krijg je niet. Edward is voorstander van een fonds waarmee de rijkeren de armeren bijstaan. 'Hoewel je dan weer moet oppassen dat je niet een afhankelijkheidssituatie creëert.'

'Ik vind Centraal Wonen maar achterhaald,' zegt Ellen. 'Als ik elders een grotere en betaalbare woning vind, ben ik vertrokken,' zegt Robert. 'Dat ik hier nog woon, tja, ik weet ook niet waarom,' zegt Boudewijn.

Alleen Sherab, zijn vrouw Eleonore en Jeanine maakten zich boos toen onlangs in de gemeenschappelijke tuin, waar het modderpaadje doorheen kronkelt, door leden van de tuingroep onkruidbestrijdingsmiddelen gebruikt werden. De naastgelegen kruidentuin, waarvan de oogst nogal eens in de vrijdagse soep wordt gemengd, raakte besmet. Het drietal heeft het perceeltje afgedekt met zwart landbouwplastic onder zware stenen.

Tussen wal en schip

Met het ruim vol veevoer en een Audi op de voorplecht schuift de Gepke II uit Leeuwarden door de Kostverlorenvaart in Amsterdam op de Kattenslootbrug af. Daar is een bel gaan rinkelen. De slagbomen dalen neer, het wegdek klimt omhoog, de trambedrading hangt in een slappe lus. Een markeringspijl wijst de grauwe hemel in. Ongeduldig gromt het verkeer. Na de kajuit vangt het zakken aan. Een doffe dreun en het brugdek ligt op z'n plaats. Vol gas herneemt de avondspits zich. Brugwachter Philip Schutte springt op zijn fiets en jaagt over de kade de Gepke II achterna. Naar de volgende brug, waar de procedure zich herhaalt.

Later, in zijn wachthuis op de Beltbrug. 'De bomen knal ik genadeloos neer. Want de mentaliteit is: we zien een rood licht dus we trappen het gas nog eens lekker diep in. Gaan de bomen omlaag, niemand mag er meer door. Maar hoor ik de sirene van een ambulance, dan wacht ik. Gooi ik de waterlampen op dubbelrood, blokkade – dat is ellende hoor. Kun je de schipper horen tieren. En trek ik voor die ambulance de bomen op, geheid dat-ie een paar driftkikkers in z'n kielzog heeft zitten. Dan ben ik spijkerhard. Mercedes Sport of niet, ik ros de boom door z'n voorruit.' Het is iedere keer wikken en wegen. 'Wanneer sla ik die bres in dat voortrazende verkeer? Denk je dat het kan, doemen ze weer op, die felle mistlampjes. Van die jongens op weg naar het Rembrandtplein, vol met pillen in een verlaagde BMW. Je moet dreigen, anders gaan ze door.'

Het moment waarop Philip Schutte de bomen neerlaat. 'Het is een gevoel, ik kan dat niet goed uitleggen. Je vingers liggen te zweten op de knoppen. Je hart bonkt in je keel. Ik doe het nu elf jaar, elke opening is een nieuw avontuur. Voor de lichten stoppen ze niet. Ja, die ene enkeling, Jan Hen uit de provincie, die stopt. Verder niemand. Eerst begint geel te knipperen, het duurt dan nog 25 seconden eer de bomen neer zijn. En dat weten ze. Na knipperend geel krijg je geel vast. Dan rood knipperen en rood vast, waarop de bomen neersuizen. Eigenlijk moet eerst het voorste stel dicht. Bij mij gaan ze allemaal tegelijk, anders zigzaggen de leipo's er zo tussendoor. Bovendien kun je ze vangen als je tegelijk sluit. Doodsbang zijn ze dan dat je de klep gewoon open laat gaan.'

'Die brug is alles bij elkaar maar drie minuten open,' zegt Schutte. 'Toch krijg je hele medische encyclopedieën naar je kop geslingerd. Mensen zien het laten zakken van die boom voor hun neus als vrijheidsberoving. Maar die schipper ook als hij niet door kan. De kunst is het oponthoud voor alle partijen zo kort mogelijk te houden. Water en wal, dat bijt elkaar.' Een voorbeeld. 'Er kwam een oud dametje aanschuifelen achter een looprek. De bellen gingen al, de lichten brandden. Het fossiel gaat onverstoorbaar op de dalende bomen af. Ik denk: stoppen die boot. Het mens stokt. Ik denk:

door die boot. Doet ze net die stap naar voren. Ik zie die boom nog dreunen op haar kruin. Op de grond, hoofdwond, looprek in de vernieling. En dat schip met tonnen zand in de noodstop. Gooien ze in één klap de schroef in de andere draairichting. Dan komen de fietswrakken en halve auto's bovendrijven.'

Versierd met koperen lantaarns, gesmeed hekwerk in Amsterdamse School-stijl en opgeluisterd met beeldhouwwerken van Hildo Krop; Amsterdam pronkt graag met zijn bruggen. Berlagebrug, Blauwbrug, Nieuwe Amstelbrug en de Magere Brug – *the skinny bridge* – ze zijn vermaard over heel de wereld. Van de veertienhonderd bruggen in Amsterdam zijn er tachtig beweegbaar, met name die over de drukbevaren Amstel en de Kostverlorenvaart. Ze worden bediend door 85 sluis- en brugwachters van de gemeentelijke dienst Binnenwaterbeheer Amsterdam.

De klassieke ophaalbruggen werden met een zwaar gewicht in beweging gebracht. Bij het sluiten moest het brugdek voorzichtig op het landhoofd ploffen. Dit zogeheten 'jutteren' en het handmatig 'wippen' is er niet meer bij. Met de moderne drukknopbediening wordt het brugdek vlak voor het landhoofd geremd en de daalsnelheid vertraagd. De volgende stap is afstandsbediening, zoals dat in andere steden al gerealiseerd is. De directie van de dienst is er een groot voorstander van. Zo niet de brugwachters die behalve werkgelegenheid het 'Aalsmeerderbrugeffect' vrezen. De op afstand bediende Aalsmeerderbrug opende zich in 1994 met drie auto's erop waarvan één in de ballastkelder schoof en bij het sluiten gekraakt werd.

In de nota *Afstandsbediening* pleitte de gemeentelijke dienst Binnenwaterbeheer ervoor alle Amsterdamse bruggen van automatische systemen te voorzien. De baas van Philip Schutte, directeur Niels Mourits, liet de nota, bestemd voor de wethouder, vergezeld gaan van een vertrouwelijke brief. Een duplicaat van de nota moest naar de ondernemingsraad. In de haast kopieerde de secretaresse de vertrouwelijke brief mee. Daarin stond dat de brugwachters 'te weinig te doen hebben, dat ze daarom klagen en mopperen en zich afzetten tegen de leiding'. De voorzitter van de ondernemingsraad is Harm Elgersma. Ben Verheijen is vice-voorzitter. Ze zitten aan het raam in café De Bonte Zwaan en turen over het IJ.

Elgersma was beduusd toen hij de brief onder ogen kreeg. 'Ik dacht: wat is dit, zeg? Er stond in dat we destructief waren en respectloze klagers.'

'Vlak daarna kwam er een intern memootje,' zegt Verheijen. 'Dat het zo niet was bedoeld.'

'Maar van de inhoud heeft hij geen afstand gedaan. En dat eisen we. Plus een publiekelijk excuus.'

'Ze zeggen: die brief had niet naar buiten gemogen. Meri, z'n secretaresse, heeft vreselijk op haar donder gehad.'

'We vragen ons af wat er nog meer over ons is geschreven dat wij niet weten.'

'Het is duidelijk dat Mourits de wethouder heeft willen manipuleren om de afstandsbediening er zo snel mogelijk doorheen te krijgen. Want als de brugwachters destructief zijn kun je makkelijker van ze af.'

'Met de afstandsbediening komt de werkgelegenheid op de tocht te staan. Er worden inmiddels drie bruggen op afstand bediend. Heeft ons al 34 collega's gekost.'

'Als het doorgevoerd wordt, kan wat er van ons overblijft in een meldkamer naar schermpjes gaan turen.'

'Levensgevaarlijk. Zie je het gebeuren op de Overtoombrug of de Kinkerbrug, zonder brugwachter? Er moet iemand lijfelijk aanwezig zijn.'

Volgens Elgersma hebben brugwachters meer dan genoeg te doen. 'Goed, er is een tijdelijke inzinking van het scheepvaartaanbod,' zegt hij. 'Maar er staat genoeg vervoer over water gepland. Een nieuwe baan bij Schiphol, de A2 wordt verlengd, er zijn Vinexbouwlocaties in de Haarlemmermeer aangewezen en Heineken heeft onlangs besloten over water te gaan vervoeren.'

De ondernemingsraad heeft geen vertrouwen meer in de leiding. Elgersma heeft een petitie overhandigd aan de wethouder, ondertekend door 92 van de 99 brug- en sluiswachters plus nautische dienst. Daarin wordt aangedrongen op Mourits' ontslag.

Elgersma: 'Mourits is een kloon van Cor Boonstra. Een keiharde manager zonder gevoelens.'

Verheijen: 'Hij voert een salamipolitiek. Nooit heeft hij de wet op de ondernemingsgraden willen naleven.'

'Onder brugwachters is de sfeer grimmig. Er worden aan de lopende band actievoorstellen gedaan. Van blokkades met patrouilleboten tot het opendraaien van alle bruggen in de stad.' Elgersma en Verheijen kunnen 'de jongens' met moeite in toom houden.

Op de zesde verdieping van een spiegelend pand aan de Weesperstraat bevindt zich de dienst Binnenwaterbeheer. Een pr-functionaris, Tamar Frankfurter, en een 'routemanager', Paul Eijlkers, voeren het woord namens directeur Mourits, die op vakantie is. Volgens Frankfurter is er geen ontkomen aan. 'De spoorwegovergang is toch ook volautomatisch? Het is een ontwikkeling die je niet tegenhoudt.'

'Tegenwoordig heb je uitstekende apparatuur,' zegt Eijlkers, de routemanager. 'Het gebeurt niet van de ene op de andere dag. Het is een geleidelijke overgang.'

Toch: 'Uiteindelijk kan het banen gaan kosten, ja,' zegt Frankfurter. 'Maar er zijn goede doorstroommogelijkheden,' meent Eijlkers. 'En niet iedereen hoeft weg. We hebben er een aantal nodig voor de afstandsbediening.'

'Voor hen is het een verrijking van de functie. Ik denk dat ze het wel leuk zullen vinden. Ze hoeven niet meer op de fiets. Dat is toch niet meer van deze tijd.'

Er komen grafieken op tafel. 'Het scheepvaartaanbod neemt verder en verder af,' zegt Frankfurter. 'Pas hebben de kerosinevaarders bekend gemaakt dat ze niet meer komen. Zand voor bouwprojecten gaat steeds vaker over de weg. Het is een dalende lijn. Het aantal brugopeningen was eind jaren tachtig nog 145.500, voor dit jaar verwachten we er 94.000. Daarom willen we toe naar een basisbezetting van een man of veertig.'

'Aangevuld met flexwerkers,' zegt Eijlkers.

Ze hebben wel te doen met de brugwachters. Frankfurter: 'Ik kan me de nostalgie wel voorstellen. Het is een schitterend vak.'

Eijlkers: 'Maar een leeg vak. Die mensen kosten veel geld, belastinggeld. En dan moeten er wel boten komen. Nu is het zo dat er in de ochtenddienst één boot langskomt. Er moet evenwicht in werkaanbod en bezetting zijn.'

'Ze hebben zelf toegegeven dat ze zich vervelen. En het ziekteverzuim is hoog.'

'Heel veel brugwachters volgen cursussen in de tijd van de baas. Een brugwachter kan maar beter een goeie hobby hebben, zeggen wij altijd. Er wordt gepuzzeld bij het leven in de wachthuisjes. Als brugwachter moet je tegenwoordig lang niks kunnen doen. Niet voor niets is er kabeltelevisie en video in de wachthuisjes.'

Over de uitgelekte brief zegt Frankfurter: 'Direct daarna heeft Mourits een excuusbrief geschreven en een interne memo laten rondgaan. Met de buitensporigheden bedoelde hij slechts enkelingen, degenen die de veranderingen niet aankunnen.'

Eijlkers: 'Ik snap niet dat ze zo gepikeerd zijn. Ze hebben een welgemeend excuus gehad. Het is toch rechtgezet? Zouden ze die brief niet ontvangen hebben?'

Frankfurter: 'Ik denk dat het een spel is dat gespeeld wordt. Ze voeren actie en verzwijgen wat niet goed uitkomt. Die brief is echt wel aangekomen.'

Op de Beltbrug wordt het later en later. Schutte: 'Bij het Olympisch Stadion ooit na een wedstrijd. Ik draai een brug. Dertig bussen supporters stromen leeg. Ze gingen de brug op en over als het ze lukte. Net lemmingen. Een aantal rolde terug, de rest bleef hangen aan de punt. En in Noord. Stond ik om halfzes in de ochtend te draaien, hoor ik zeggen: "God Jan, wat gaat die fiets zwaar." Dan een doffe klap, lag er een fietser aan mijn kant op het wegdek, drie meter naar beneden gestort. Het stuur prikte twintig centimeter door zijn milt. En toch, het is een prachtvak. Een half miljoen kilo staal met één vinger laten bewegen.'

Het was in 1991 dat de gevreesde Mourits tot directeur werd benoemd. Direct ging het brugwachtersemplooi op de schop, routemanagers zagen toe op prestaties en een pr-afdeling trad aan. Schutte: 'Ik zat in de redactie van *Schuttevaer*, het personeelsblad. We waren onafhankelijk, kritische bijdragen waren van harte welkom. Toen kwam Mourits. Vanaf dat moment ging alle kopij door de zuivering van zijn voorlichtingsmachine. Voor mij hoefde het gelijk niet meer, ik ben opgestapt.' Dat was het begin van de afbraak van een mooie dienst, volgens Schutte. 'Daarna volgden die ontslagen. De service holde achteruit. Een aantal vervoerders is over de weg gaan transporteren. Met op elke brug een wachter kan een schip ongestremd door. Nu heeft de wachter twee bruggen onder zijn hoede. Ik moet sluiten en op mijn fiets vlug vlug naar de volgende. Die boot ligt daar al te wachten. Verloren tijd. Als een gek race ik door de straten. Oversteken als het verkeer op z'n drukst is.'

De automatisering is het begin van het einde voor het vak, voorspelt Schutte. 'Straks zit ik naar een stel monitoren te kijken, dan zal het me worst wezen of er eentje vermorzeld wordt. Net of je een reality-tv-programma zit te kijken. De brug in Noord, die is geautomatiseerd. Ineens zie je op de monitor dat de school een uurtje eerder uit is. Kinderen klimmen over de hekken. Ik moest ze vanuit de controlekamer via een microfoon toeschreeuwen. Het mag een wonder heten dat daar nog geen slachtoffers zijn gevallen.'

Directeur Mourits is terug van vakantie. Hij is niet van plan af te treden. 'Ze zullen met mij verder moeten, het is niet anders.' Mourits is niet al te zeer onder de indruk van het opgezegde vertrouwen. 'Het opzeggen van vertrouwen gebeurt binnen deze organisatie haast met de regelmaat van de klok. In november is het me nog overkomen. Kijk, het is een leuke club, die brugwachters. Maar hun werkwijze is niet meer van deze tijd.'

Gien gekkighoid

Een maandagmiddag te Wervershoof. Even voor openingstijd loopt bibliothecaresse Jessica Dip de schappen na. Ze wijst op het uitgestrekte oeuvre van de West-Friese streekromancière Margreet van Hoorn, bij de H tussen Hildebrand en Victor Hugo. Over pastelkleurige ruggen lopen titels als *Afscheid van een vlinder*, *De warmte van het goede* en *Geen tijd voor tranen*. Geregeld doemt tussen A en Z zo'n lommerrijke oase op. Anke de Graaf met *Om nooit te vergeten*, *Sterker dan wind en water* van Henny Thijssing-Boer of Catalijn Claes' *Mooi wieveke*. Het publiek is nauwelijks binnen of de eerste klant, met onder de arm drie Jannetje Visser-Roosendaals, staat al met de ledenkaart te zwaaien.

Het genre streekroman beslaat 10 procent van de totale collectie in Wervershoof: ongeveer 2200 titels. Dat is fors, vergeleken met bibliotheken elders in het land. Voor West-Friesland is het heel gewoon. Jessica Dip haast zich te zeggen dat ze nog nooit ook maar één letter in een streekroman heeft gelezen. Voor haar is het 'een noodzakelijk kwaad'. Het is maar goed dat de lezers niet de baas zijn in haar bibliotheek, zegt ze, want dan schoot het aandeel streekroman enorm omhoog. 'Als we op winst zouden moeten draaien, werd de collectie puur populair. Dat komt, het opleidingsniveau is laag hier.' Ten bewijze haalt ze uit een bureaula een rapport te voorschijn waaruit blijkt dat een ruime meerderheid van de West-Friezen de mavo niet heeft afgemaakt.

De bibliotheek is een attribuut in de geestelijke ontwikkeling van de regio. Populaire collecties moeten plaatsmaken voor literair verantwoorde. Zo heeft Jessica Dip geleerd aan de Amsterdamse Frederik Muller Academie, de traditionele opleiding voor bibliothecaressen. De Rijksoverheid heeft deze aanpak altijd al voorgestaan. In de Notitie Openbaar Bibliotheekwerk van 1994 wordt zelfs gesproken van een 'cultuurpolitieke opdracht', waardoor de bibliotheek 'het goedlopende en recreatieve' minder plaats kan bieden. Onder het bewind van Jessica Dip is de populaire component van de Wervershoofse bibliotheek sterk afgeslankt. Mien van 't Sant heeft plaatsgemaakt voor Mulisch en Van der Heijden, en als het even kan voor Gaarders *De wereld van Sofie*. Sinds haar aantreden wordt de aanschaf bepaald aan de hand van recensies in *de Volkskrant* en de NRC. Tal van literaire kopstukken kwamen voordragen uit eigen werk. Dip liet drie leeskringen van start gaan. Daar maken verstokte streekromanlezers kennis met de officiële literatuur. Om de letterkundige geest in ze wakker te roepen. 'Ze moeten plezier krijgen in het lezen van iets anders dan de streekroman. Dat is mijn missie.'

Toch kan Jessica Dip de roep om de streek niet helemaal negeren. Af en toe komen de Wervershovers klagen. De nieuwe Anke de Graaf, hoezo heeft u die niet? Sommigen zegden het abonnement op. Bovendien heeft Dip een bestuur te gehoorzamen. Een bestuur dat onlangs onder overweldigende belangstelling Margreet van Hoorn een lezing liet verzorgen. Een bestuur dat vindt dat van de tien boeken die Dip wekelijks bestelt er drie een streekroman moeten zijn. Niet van harte prikt ze er 'willekeurig drie' uit het aanbod.

De bibliotheek van Wervershoof heeft een dependance in Onderdijk. Dat was tot de samenvoeging een zelfstandige bibliotheek, met een eigenzinnige collectie. Tot op de dag van vandaag is 80 procent van de 6833 boeken in die collectie streekroman. De post is een bolwerk van verzet tegen de literaire machtsovername. Voor Jessica Dip is er geen redden meer aan. 'Daar staat geen Dostojevski. En als die er nog staat dan haal ik hem eruit. Voor mij is het verloren gebied.' Dip heeft al verscheidene malen geadviseerd de post op te heffen. 'Maar het bestuur is onverzettelijk. Dat zijn echte Onderdijkers. Voor hen heeft de post veel emotionele waarde.' Waarom is haar een raadsel. 'Als ik er afschrijfsessies houd, zijn het altijd de literaire werken. Die staan, ik lieg niet, acht, negen jaar in de kast, misschien één keer uitgeleend en dan nooit meer. Ik kom daar jaarlijks saneren. De Onderdijkse collectie is zo goed als bevrijd van belangwekkende literatuur.' Dus past ze een verstervingsbeleid toe. 'Als ik voor de dependance moet bestellen, zorg ik dat het alleen maar drie populaire boeken zijn. Meestal een streekroman, af en toe een detective.'

Woensdagavond, zeven uur. De uitleenpost in Onderdijk is zojuist geopend. Op vrijwillige basis zitten Joop Mol en Tiny Morsch te stempelen achter de balie. Ze zijn trots op hun collectie. Joop Mol is er al lang bij betrokken. 'Mensen uit de buurt kunnen niet zonder de streekroman. Wat zou me dat een gemis zijn. Er wordt regelmatig naar gevraagd.' Hij grijpt Theo Koomens *Bai oos in Bulledoik* van de plank. In dialect scandeert hij een passage. En over *Zo was 'r maar ien*: 'Die heb ik persoonlijk gekend, die vrouw waarover het gaat. Moeder Grietje is dat.' Over de voornemens van Jessica Dip zijn de twee eensgezind. 'We zullen ons met hand en tand verzetten tegen sluiting van de post. De West-Fries die graag uit eigen regio leest, moet toch bediend kunnen worden. En liefst verstoken blijven van die literaire gekkigheid waarbij je maar tussen de regels door moet lezen.'

Mol en Morsch weten zich in hun onverzettelijkheid gesteund door het bestuur. Onvoorwaardelijk, want Tiny is getrouwd met de voorzitter. 'Ik vind het vreselijk hoe de collectie in Wervershoof eruit is gaan zien,' zegt Joop Mol. 'Om het opleidingsniveau aan te pakken? Dat vind ik een nogal krasse uitspraak. We hebben hier in de streek toch een hoop vooraanstaande personen wonen. Nee, aan dat soort maatschappelijke opdrachten verleent een West-Fries geen medewerking. Laat ze die educatie alstublieft achterwege houden, we zijn geen onnozelen.'

De post werd in de oorlog opgericht door mensen uit het verzet. Voor de Onderdijker was het een toevluchtsoord waar vrijwilligers met donaties en kerkgeld een collectie bij elkaar hadden verzameld. De vader van de huidige voorzitter, Tiny's echtgenoot Tjerk Morsch, was een van de initiatiefnemers. De voorzitter zegt zich nog levendig te herinneren hoe ze de boekhandels afstroopten en in de huiskamer zaten te kaften. De boeken waren dikwijls in het dialect geschreven en bevestigden de West-Friese identiteit. Daar hoefde het geen literatuur voor te zijn.

In West-Friesland worden de ontboezemingen van Jessica Dip als blasfemie aangemerkt. Het gebied staat bekend als de bakermat van de streekroman. Tal van coryfeeën schreven hier hun omnibussen vol. Zoals de eerder genoemde Margreet van Hoorn en Willem van Zwol. Dominant zijn verder Anke de Graaf, mannelijke talenten als Maarten Leegwater en Frans Brieffies, en, niet te vergeten, de in 1990 overleden Jannetje Visser-Roosendaal. Bij leven al snelde die de gelauwerde Jos van Manen-Pietersen voorbij in 'meeste uitleningen bij openbare bibliotheken'.

In Hoorn bevindt zich uitgeversmaatschappij West-Friesland, het fonds waar bijna alle streekromanciers publiceren. In het vormelijke kantoor in de Slijksteeg heet directeur Floor Jonkers me hartelijk welkom. Het gaat hem voor de wind, zegt hij. Voornamelijk dankzij zijn grootste afnemer: de bibliotheek. 'Meer dan een derde van de totale productie gaat naar de bibliotheken. Streekromans worden ontzettend veel gelezen. Al mijn auteurs staan in de tophonderd van meest uitgeleende auteurs. Zeven bij de eerste tien.' De bibliotheek blijkt dé plek te zijn waar de hedendaagse streekromanfanaat aan zijn gerief komt. Jonker deed er onderzoek naar. 'In Enkhuizen zegt de helft lid van de bibliotheek te zijn omwille van de streekroman. Zo is het met alle West-Friese bibliotheken. De fervente lezer is niet kapitaalkrachtig genoeg voor de boekhandel.

Als de bibliotheken hun streekromans uit de collectie gaan verwijderen zal het aantal uitleningen spectaculair dalen.'

Bij het woord 'leenrecht' begint Jonkers in zijn handen te wrijven. 'Bibliotheken moeten kapitalen gaan uitkeren aan die in hun ogen zo vermaledijde streekromanschrijvers. Mijn auteurs hebben verheugd gereageerd. Ze zijn vereerd. Terwijl staatssecretaris Nuis dat leenrecht had ingevoerd om een handgebaar naar literatoren te maken.' Bibliotheken weten zich geen raad met de streekroman, volgens Jonkers. 'Ze doen alsof ze er vies van zijn, terwijl ze een explosie aan uitleningen genieten. Hoe hoger de uitleencijfers, hoe meer subsidie ze krijgen. Ondertussen willen ze belerend zijn. Dat wordt van overheidswege opgelegd. Ze hebben een cultuur in stand te houden. In de recensies van de bibliotheekleesdienst wordt dan ook steevast negatief geoordeeld over ons aanbod. En dus komt er ook Mulisch te staan. Vier exemplaren *De ontdekking van de hemel*, die in een West-Friese bibliotheek niet uitgeleend worden. Terwijl er een wachtlijst is voor die roman van Henny Thijssing-Boer.'

Jonkers schuift de voorjaarsaanbieding over tafel, waarin tal van jubileumpockets voor de actieprijs van negentien gulden vijftig worden gepresenteerd. 'De streekroman wordt nog altijd beschouwd als de buitenbocht van de schrijverij. Dat is te danken aan Menno ter Braak. Die riep dat Antoon Coolen geen literaire pretenties moest hebben. Dat hij maar lekker over die Peel moest blijven schrijven. Daarmee was het dédain voorgoed over het genre uitgesproken. Terwijl Claus met *De Metsiers* toch ook een streekroman heeft geschreven. Triviale lectuur, het zou wat. Leopold en De Arbeiderspers gaven in de jaren vijftig nog veel streekromans uit. Piet van Aken, om maar eens iemand te noemen. Antoon Coolen, Herman de Man, Hendrik Conscience, en niet te vergeten Felix Timmermans met *Pallieter.*' Jonkers pleit voor een reveil van het genre. 'Er is niets verkeerd aan een streekroman. Het is geen literatuur, nee. De werkelijkheid wordt niet op zijn kop gezet. Het is een bevestiging van wat is. Er staat geen onvertogen woord in, dat klopt. En geen huwelijksconsumpties. Normen en waarden worden wat sterker benadrukt. Ja, er zal pas aarzelend gesproken worden over samenwonen. Allemaal waar. Maar waarom dat niet gelezen mag worden, ik ben daar verbijsterd over. Duizenden lezers wonen in die boeken.'

Het is een gure ochtend als de beheerder van het dorpskerkhof van Venhuizen het graf van Jannetje Visser-Roosendaal toont. Een boeket ligt flets te worden in de regen. De beheerder weet te vertellen dat fervente lezers regelmatig een ode komen brengen. De Historische Vereniging is bezig met de voorbereiding van een herdenkingsjaar waarin de bestseller *De mens wikt* opnieuw wordt uitgebracht. Venhuizen is eveneens het dorp van Frans Brieffies. Bij uitgeverij West-Friesland publiceerde hij *Terwijl de schepen wachten* en *De vechtersbaas*, werken die het *Noordhollands Dagblad* kwalificeerde als 'pakkend'. In de woonkamer van zijn stolpboerderij, met uitzicht over de verkavelde polders waar soms zwanen neerstrijken, vertelt Brieffies trots dat *Terwijl de schepen wachten* binnenkort 'in grootletter' wordt uitgebracht.

Met zijn manuscript probeerde Brieffies het eerst bij Querido en Van Oorschot. Die wezen het van de hand. Sindsdien heeft Brieffies de hoge literatuur de rug toegekeerd – 'Zo'n Connie Palmen, dat is toch een verfoeilijk verschijnsel' – om bewust te kiezen voor het genre streekroman. Zijn verhalen gaan over de veranderingen in de agrarische sector, zet hij uiteen. 'Vroeger was het spitten, zaaien en eggen. Sinds de verkaveling gaat alles machinaal. In plaats van de schuit komt de trekker.' Tegen die mechaniserende achtergrond groeien in *Terwijl de schepen wachten* twee broers op. De een wordt een 'chagrijnige' rijke bollenboer, de ander uiteindelijk een 'gelukkige' muzikant. Brieffies benadrukt het autobiografische karakter van het boek. 'De man die op de eerste pagina sterft, dat is mijn grootvader. En die muzikant, een vrolijke vrijbuiter, daar heeft mijn vader model voor gestaan. Onze familie was tamelijk muzikaal. Actief binnen de dorpsfanfare. En mijn nichtje Ria, die zat bij de Dolly Dots.' Het tweede boek, *De vechtersbaas*, is eveneens gebaseerd op een bestaand persoon. Het boek gaf enige commotie in de streek. Iemand had zich herkend in de 'moffenslet' die Brieffies in een passage na de oorlog laat kaalknippen.

Tot zijn zestigste verdiende Brieffies zijn brood als leraar Nederlands aan een scholengemeenschap in Enkhuizen. De tweedeling tussen de officiële literatuur en de streekroman heeft hij, achteraf bezien, altijd al bestreden, gek als hij was van grensgevallen als Theun de Vries, Jan de Hartog en Toon Kortooms. 'Ik kreeg veel verwijten van collega's als ik zo'n boek besprak. Die weerzin bestaat nog altijd. Als mijn zoons mijn boek op de lijst willen zetten, wordt ze dat verboden.

En waarom? Omdat er geen filosofie in zit waar je om de zoveel bladzijden je tanden op stuk bijt?'

Brieffies toont zijn schrijfkamer, waar hij werkt aan een derde roman. Die zal over een dementerende dame gaan, die in het verzorgingstehuis nostalgische visioenen beleeft. Onder het dakraam staat een chaise longue waarop de schrijver bij tijden zijn invallen afwacht. Als hij naar buiten kijkt kan hij de takken van de oude beuk in zijn tuin zien zwiepen. Hij laat het gedicht horen waarin hij de beuk bezingt: 'Jai ouwe reus, je ben een eeuw oud, je laikt wel een konin met je kroon die nar boven waist.'

In Medemblik woont de 47-jarige belastingadviseuse Els Grinwis, naar eigen zeggen een intensieve streekromanlezeres. In haar kantoor aan huis, met tegen de muur een vitrine vol klederdrachtpoppen, ontvangt ze haar bezoek. Het begon al op school, zegt ze. Tijdens literatuurles verslapte haar aandacht en las ze stiekem onder tafel een streekroman. 'Als je die keukenmeidenliteratuur blijft lezen, wordt het nooit wat met jou,' had de leraar gezegd.

Op tafel ligt een stapeltje Anke de Graaf, die ze weer volop aanschaft sinds haar verzameling bij een brand in de as werd gelegd. Grinwis wil benadrukken dat het genre met z'n tijd is meegegaan. 'Het blijft de waarde van het ware leven: geluk, trouw en moed, dat klopt. Toch wordt de moderne tijd beslist niet ontkend. Neem de nieuwe Margreet van Hoorn, *Tussen licht en schemer*. Gaat over een kind met een dwarslaesie. Hoe ga je daarmee om? In een ander werk van haar wordt het thema euthanasie aangesneden. Zo ingrijpend!

En hoe verwerk je dat? Indringende situaties, hoor. Andere geliefde eigentijdse thema's zijn: ouders met problematische puberkinderen of het leven na een herseninfarct.' Binnenkort begint ze aan Anke de Graaf. 'Ik denk op zaterdag, als de jongens voetballen en mijn dochters uitslapen. Dan laat ik de boel de boel. En lees ik tot ik niet meer kan.'

Nooit meer punniken

Nieuwsgierig steken de paarden hun kop uit de stal. In de winterkou dampt hete adem uit hun snuit. De grote ogen zijn gericht op een gestalte in overal, die in een leeg hok hooi bij elkaar harkt. Door de regensluiers over het erf komt jobcoach Frank Sevens aangesneld.

'Hoe is het Kenneth, lekker aan het werk?' vraagt Sevens, zijn handen warm wrijvend.

'Ja hoor, Frank. (...)'

'Wat zeg je, Kenneth?'

'Bij de kunstgroep. Ik wil tekenen.'

'Je bedoelt dat je op dinsdagmiddag vrij wilt? Zodat je bij de kunstgroep op het dagverblijf in Zeist kunt tekenen? Dan zou je als tegenprestatie een ander dagdeel moeten gaan werken.'

'Woensdagmiddag. En zondag wil ik ook werken.'

'Op zondag moet je vrij zijn, Kenneth. Je kunt niet de hele week werken. Zeg, hoe doe je dat opstrooien? Krijg je een vast pakketje stro? Mevrouw Nelissen van de manege zei dat je telkens te veel opstrooit.'

'Nu niet meer.'

'Dat is mooi. Zuinig omgaan met de spullen, hoor,' zegt Sevens.

Door de stallen, de geur van voeder en paardenlijven opsnuivend, begeeft Sevens zich naar de kantine, die uitziet op een overdekte drafbaan. Een meisje op een schimmel galoppeert in de rondte. Aan een van de tafeltjes wacht Tiny Nelissen, met haar man eigenares van de Utrechtse manege. Na een tijdje: 'Nogmaals Frank, het risico is te groot. Bovendien zijn er de kosten die we uiteindelijk toch zullen hebben. Op zich functioneert hij goed, we accepteren hem ook zoals hij is. Maar helemaal normaal functioneert hij niet.'

Sevens: 'Mensen als Kenneth zullen nooit dezelfde prestatie leveren als iemand zonder verstandelijke handicap. Dat is ook niet wat we verwachten. Daarom zegt de overheid: u als werkgever hoeft maar een deel te betalen.'

Nelissen: 'Alleen al het aanvragen van al die subsidies is een kostenpost erbij. En wat als-ie in de ziektewet belandt? Dan moeten we zelf de stallen uitmesten, want het geld blijft naar hem gaan.'

Sevens: 'Wat zou u doen als ik elders betaald werk voor hem vind en hij vertrekt?'

Nelissen: 'Dan pak ik gewoon een paardenmeisje als stagiaire.'

Sevens: 'Hij verzet wel een hoop werk. Vijf, zes dagen in de week.'

Nelissen: 'Daar geef ik 'm ook een fooi voor. Hij krijgt meer dan Christa, die ook veel minder kan dan hij. Christa hoef ik maar een puntzak snoep te geven en ze straalt al. Kenneth doet harder z'n best, maar hij blijft te veel verbruiken bij het opstrooien.' Bij de deur draait Sevens zich om. Hij deelt de werkgeefster mee dat Kenneth op dinsdagmiddag wil tekenen in de kunstgroep en dat hij op een ander dagdeel extra wil werken. 'Als het maar niet op woensdagmiddag is,' zegt Nelissen. 'Dan gaat hij achter de meiden aanzitten. Hij geeft ze foto's, briefjes en cadeaus. Dat is riskant want hij verwacht iets terug.'

Sedert 1996 werkt Kenneth vrijwillig als stalknecht in de manege. Hij is een waardige opvolger van Jaap, die er na twaalf jaar uitgegooid werd. Jaap was bazig en had een drankprobleem. Tussen Jaap en Kenneth in heeft Sevens nog iemand anders geprobeerd. Die had gezegd dat hij fantastisch goed met paarden om kon gaan. Meteen de eerste dag had hij alle stallen van de binnenmanege opengezet, om alles eens flink uit te mesten. Het echtpaar Nelissen was zich rot geschrokken. Vanaf toen lieten ze hem met een aardappelschilmesje het pad onkruidvrij maken. Over Kenneth waren mevrouw en meneer Nelissen direct goed te spreken. Ze vroegen meteen een nieuwe aan. 'Ik was terughoudend,' zegt Sevens als hij bij de manege vandaan rijdt. 'Ik zei: neem eerst Kenneth eens in dienst. Je hebt er zo veel profijt van. Helaas, het mocht niet baten.'

In Nederland zijn zo'n driehonderd zogenoemde jobcoaches actief. Hun taak is verstandelijk gehandicapten – de benamingen 'mongool', 'debiel', 'zwakzinnige', of zelfs 'geestelijk gehandicapte' zijn taboe verklaard – aan een betaalde baan te helpen en ze in hun werkzaamheden te begeleiden. Mogelijke kandidaten worden aan een arbeidsinteressetest onderworpen, tevens wordt gekeken naar persoonlijke vaardigheden. Met de uitslag gaat de jobcoach op zoek naar een geschikte werkgever. Als die eenmaal gevonden is, zorgt de jobcoach dat de kracht ingewerkt raakt; van de werkgever mag niet verwacht worden dat hij zich voor de kandidaat extra moet inspannen. Er zijn liefst vier wetten in het leven geroepen om werkgevers met financiële prikkels te verlokken een verstandelijk gehandicapte in dienst te nemen. Echt lekker loopt het nog niet. Van de ongeveer 40.000 kandidaten – er wordt vanuit gegaan dat ruim eenderde van de in totaal 110.000 verstandelijk gehandicapten in Nederland kan werken – is pas een kleine 2000 in betaalde dienst.

We parkeren voor een antroposofische instelling te Zeist. Een van de drie verstandelijk gehandicapten die Sevens de afgelopen twee jaar aan een baan heeft kunnen helpen, is hier werkzaam. Drie succesvolle bemiddelingspogingen is niet veel op een populatie van zevenhonderd in de regio die Sevens' organisatie, bestrijkt. 'Maar,' zegt Sevens, 'er zit te veel laag niveau tussen. Hoewel daar ook verschillend over wordt gedacht. Je hebt scherpslijpers die vinden dat iedereen in de dagopvang zou kunnen werken. Als je alleen al een knop om kunt zetten kom je voor betaald werk in aanmerking, is de opvatting van sommigen. Ik vind dat je voor 30 of meer procent productief moet kunnen zijn, anders heeft het geen zin.'

Bij de Zeister instelling ging het van een leien dakje. Dat het antroposofen zijn heeft er volgens hem alles mee te maken. 'Ze investeren maar wat graag in mensvriendelijke projecten.' Hoewel er ook een nadeel aankleeft. 'Van elke werknemer wordt een familiaire, hartelijke opstelling verlangd.' Als gevolg van dat principe is een probleem gerezen dat Sevens op verzoek van de werkgever vandaag met Marja bespreekt. In een rustiek getinte vergaderkamer neemt de jobcoach plaats tegenover Marja, die bij elke vraag haar ogen afwendt.

'Jij hebt niet het idee dat er iets speelt?' vraagt Sevens.

'Nee,' zegt Marja traag en met onvaste stem. 'Ik kijk hier erg van op. Hoe kunnen zij het idee hebben dat er iets speelt? Dat vind ik zo raar.'

Sevens: 'Ze hebben de indruk dat het minder goed met je gaat.'

'Het gaat hartstikke goed. Maar soms heb ik wel, hoe moet ik het zeggen... Maar zij moeten niet denken van het is weer gaan rollen, want dat gevoel heb ik niet.'

Sevens: 'Wat gaat er rollen?'

'Het balletje van voor af aan. Dat is niet zo.'

Sevens: 'Je moet jezelf blijven. Wat ik merk is dat je je terugtrekt.'

'Een tijdje wel ja. Ik sprak ze met u aan. Dat is niet nodig. Maar op dat moment voel ik me gekwetst door dat voorval.'

Sevens: 'Hier moet je ze niet met u aanspreken. Dan maak je onderscheid en dat willen ze niet. Ze willen hier als vrienden met elkaar omgaan.'

'Wat is nou vrienden in hun ogen? Op je werk heb je collega's, geen vrienden. Hij wil met mij naar de film, Frank. Dat kan toch niet?'

Sevens: 'Jij moet zelf je grens trekken.'

'Met vrienden ga je naar de bioscoop, niet met collega's. Hoe moet ik weten: dit mag en dit mag niet? Dat is toch stom?'

Sevens: 'Bij heel veel bedrijven gaan ze buiten het werk eten of naar een voorstelling.'

'Dat zal wel, ik heb dat niet geleerd. Ik vind het een bedreiging als een mannelijk persoon met mij naar de bioscoop wil. Ik heb het gevoel dat hij meer wil. Daar schrik ik van en dan trek ik me terug.'

Sevens: 'Ben je bang?'

'Ja, dat het meer wordt. Hij heeft me op het hart gedrukt dat hij niet verliefd op me is. Maar ja, daar ben ik wel bang voor. En dat ik dan hier weg moet. Want een relatie op het werk kan niet, zeggen ook mijn ouders.'

Terwijl Marja haar frankeerwerkzaamheden hervat, merkt Sevens op: 'Werken is wat mij betreft geen alternatieve dagbesteding, maar een plicht. Waarom zou je als verstandelijk gehandicapte de hele dag op een dagcentrum mogen verblijven als je prima werk kunt verrichten?'

In de zomer van 1974 werd op last van toenmalig staatssecretaris van Volksgezondheid J. Hendriks zwakzinnigeninrichting Dennendal in Den Dolder op hardhandige wijze ontruimd. Paviljoenbewoners werden in overvalwagens naar de Rijkspsychiatrische Inrichting Eindhoven overgebracht, om zo de progressieve psychiater Carel Muller en consorten buitenspel te zetten. Muller had de jaren ervoor in Dennendal de macht gegrepen door een vertrouwensbreuk uit te lokken met het in zijn ogen regenteske bestuur, verenigd in de sedert 1461 met geestelijke gezondheid belaste Willem Arntsz Stichting. De door Muller aangehangen 'verdunningsgedachte' werd in Dennendal tot in het extreme in de praktijk gebracht.

Massaal waren Mullers volgelingen, als zijnde gewone mensen, tussen de zwakzinnigen gaan wonen om zo van elkaar te kunnen leren. 'Er is slechts een dunne streep die de rollen van zieke en gezonde mensen scheidt,' was het credo. Hoewel de langharige, hasjrokende en later van seksueel misbruik betichte Muller wellicht iets te hard van stapel liep, heeft de affaire die de boeken inging als de grootste rel in de gezondheidszorg, de integratiegedachte in een stroomversnelling gebracht. Zwakzinnigen werden na Dennendal niet langer beschouwd als patiënten, maar als cliënten. Ze keerden terug vanuit de bossen naar de maatschappij, waar ze net als iedereen een woning konden betrekken. Punniken in de dagverblijven doen alleen nog diegenen die echt niet anders kunnen. De anderen gaan werken buiten de deur, eerst vrijwillig, en nu dan ook betaald.

In verzorgingshuis Vredenoord in Huis ter Heide, wederom te Zeist, doet Marieke vijf dagen per week de afwas, zet zij koffie en reinigt zij de appartementen. Vanaf 1 januari treedt ze in dienst. Marieke werkt al vier jaar vrijwillig, al die tijd liep haar uitkering gewoon door. Directeur Weening is er nog niet helemaal gerust op. 'Flexibel is ze niet. Bij ad-hocsituaties is ze gelijk van streek. Toen ze verhuisde was er meteen een prestatieterugval.' Al veel langer voelde de directeur een morele verplichting. 'Maar dat moet je uitschakelen. Met alle respect, je moet oppassen dat je geen sociale werkplaats wordt. Bovendien blijft er een relatief groot risico bestaan. Van de ene op de andere dag valt ze onder dezelfde voorzieningen: ontslagprocedure, vakanties en allerlei andere faciliteiten conform de CAO.' Weening vreest dat als het economisch minder gaat, de verstandelijk gehandicapte er als eerste uitvliegt. 'Ik zou niet verbaasd zijn als daar de klappen vallen.'

Hij snapt ook goed dat werkgevers over het algemeen angstig zijn een verstandelijk gehandicapte in dienst te nemen. 'Geen zwakzinnige in mijn bedrijf, zeggen ze. Als het mis gaat geven ze elkaar de schuld: jij hebt hem of haar toch binnengehaald?' Dat zal op Vredenoord niet gebeuren. 'Als het niet lukt kunnen we heel eerlijk zijn en haar contract beëindigen, is de afspraak.'

In vlot tempo dreunt Marieke haar verhaal op. 'Elke dag kom ik met de bus naar Vredenoord. Ik ga kwart voor acht van huis, ben ik hier lekker op tijd. Ik werk tot kwart over vier. Soms kom ik op de gang demente bejaarden tegen die de deur uit willen. Die moet ik tegenhouden. Sommigen zijn helemaal de weg kwijt, die willen naar huis terwijl ze hier wonen. Als ze weglopen heb je kans dat ze onder een auto komen. De meesten zijn wel aardig. Sommigen niet. Vragen ze: wat kom je doen? Ik kom even schoonmaken, zeg ik dan. Soms gaan ze echt tekeer. Woorden die ik niet mag zeggen. Ik heb een hoge werkmotivatie. Ik ben altijd vrolijk, nooit chagrijnig. Heb ik van jongs af al. Ik schaterde al toen ik een maand of twee oud was. Zei mijn moeder: wat heb je een schik, zit je me uit te lachen? Begon ik toch weer te schateren. Ik kwam al na zesenhalve maand. Ik was zo klein, lag in de couveuse. Mijn schildklier werkt niet. Daar heb ik medicijnen voor. Maar gelukkig is het goed gekomen.'

De otterillusie 1

Een zompige berm langs de provinciale weg N247 Edam-Hoorn. Uit de auto stappen ottercoördinator Annemieke Bergfeld en Gart Jan Bouwmeester, voorzitter van de Werkgroep Ecologische Verbindingen. Samen geven ze het Noord-Hollandse Otterproject gestalte.

Er waait een gure wind, motregen stuift in het gezicht. Bij de Korslootbrug klimmen de coördinator en de voorzitter over een hek en dalen ze de glibberige helling af. Hier bevindt zich het verholpen knelpunt 107. De waterkant, normaliter met hout of steen versterkt, is er moedwillig verwaarloosd. Aan de randen van de sloot drijven met riet begroeide vlotjes. Onder de brug door loopt een pvc-goot met daarin een laagje zand.

'Zo moet het,' zegt Annemieke Bergfeld. 'Voorheen was het voor een dier niet aantrekkelijk om hier aan land te gaan. De beschoeiing was veel te hoog. Een otter zwemt zelden onder een brug door om een weg te passeren, hij klimt het water uit. Het was ook niet aantrekkelijk voor hem om onder de brug door te kruipen, over dat kale beton. Vandaar dus dat we die goot met een laagje zand hebben gevuld. Zodat het lekker aanvoelt.' 'Toch is dit eigenlijk niet als uitklimplaats bedoeld,' zegt Gart Jan Bouwmeester. 'De meeste dieren trekken hier alleen voorbij. Daarom staat dat hek waar we net overheen zijn geklommen er. Het is teruggebogen aan de bovenkant, zodat de dieren er niet overheen kunnen klimmen en op de weg verongelukken.'

Die vrees is gegrond. In 1988 werd de laatste Nederlandse otter doodgereden. Of liever: uit zijn lijden verlost. Bij ontleding bleek het PCB-gehalte in het vetweefsel zo hoog dat de otter het niet lang meer had gemaakt. Zijn geslachtsorgaan was door gif ernstig misvormd. De Stichting Otterstation Nederland luidde in het rapport *Herstel van leefgebieden* de noodklok, want de otter is niet zomaar een dier. Als 'toppredator' in de voedselketen vervult hij een 'indicatorfunctie'. Het was zaak dat er snel natuurgebieden werden aangewezen met onderlinge verbindingen.

Dat paste goed in het rijksbeleid dat in het zogenoemde Natuurbeleidsplan (NBP) al 'ecologische structuren' wilde aanleggen. De provincie Noord-Holland nam het voortouw. Aan het NPB voegde het Otterstation zijn aanbevelingen toe. Dat leidde tot een volgende afkorting: de Provinciaal Ecologische Hoofdstructuur (PEHS). Er werd een ottercoördinator geïnstalleerd. En de Dienst Landelijk Gebied formeerde de Werkgroep Verbindingen. Op een goed moment kwamen Bergfeld en Bouwmeester erachter dat ze met dezelfde inventarisatie bezig waren. De krachten werden gebundeld.

Hoewel de herintroductie van de otter uiteindelijk in Overijssel plaatsvindt (zie 'De otterillusie 2'), wordt er ook in Noord-Holland en diverse andere provincies gegraven, getimmerd, geplant en zelfs geschoten. Om 'het beheer te reguleren' werden op de trekroute Zwanenwater-Robbenoordbos verstoten jonge reetjes omgelegd omdat zij de verbindingszones overschreden. Niettemin blijft het credo: waar de otter kan leven, daar zit het met andere soorten, van hermelijn tot libel, ook wel goed. En niet te vergeten: naarmate de terugkeer van 'de ambassadeur van het milieu' waarschijnlijker lijkt, kunnen forse investeringen in de waterzuivering worden teruggebracht.

Aan geld geen gebrek. Voor het otterproject is de subsidiekraan wijd opengedraaid. Zonder allerlei tegemoetkomingen zouden de vele betrokken instanties het ook niet in hun hoofd halen om de riskante en kostbare aanpassingen aan hun eigendommen uit te voeren. Een operatie zoals die van knelpunt 107, met het risico van verzakking, kost veertigduizend gulden. Zo zijn er nog driehonderd andere knelpunten. De firma Grontmij berekende dat de totale kosten aan correcties in de provincie twintig miljoen gulden bedragen. Bouwmeester schat dat er per jaar aan ecologische verbindingen in Noord-Holland enige tientallen miljoenen worden besteed. Er zijn sinds 1991, het jaar dat het project van start ging, vijftig projecten gerealiseerd.

Of de dieren gebruikmaken van de kostbare voorzieningen is niet bekend. Bouwmeester: 'Van *monitoring* is nog geen sprake. We moeten er nog geld voor zien te krijgen. Er is wel een plan om sporenonderzoek te gaan doen. In de pvc-gootjes zijn misschien wel pootafdrukken te vinden. Een andere mogelijkheid die we in overweging nemen is het gebruik van camera's.'

De samenwerking met terreinbeheerders en belanghebbenden verliep in het begin wat stroef. Met name de waterschappen lagen dwars. Totdat ze beseffen dat het otterproject voor hen juist een arbeidsbesparende uitwerking heeft. Gervien Pielage van waterschap De Waterlanden: 'Het komt erop neer dat we de rietkragen per oever voortaan slechts eens in de twee jaar maaien. Voorheen gebeurde dat jaarlijks. Verder kunnen we bepaalde stroken laten verwilderen. Het scheelt ons werk en kosten.'

Voor de Nederlandse Spoorwegen pakt het otterproject minder gunstig uit. Op talloze plaatsen onderbreekt het spoor de op papier bedachte ottercorridor. Passagemogelijkheid blijkt vooral bij bruggen en duikers niet optimaal. De NS hadden al toegezegd de knelpunten te zullen aanpakken toen ontdekt werd dat zij niet voor subsidie in aanmerking komen. Henk Pol van Railinfrabeheer: 'We gaan niet zonder meer akkoord met alle plannen van het otterproject. Op bepaalde punten willen ze hele spoorbruggen aangepast hebben. Dat doen we niet hoor, dat loopt in de miljoenen. Die ecoducten op de Veluwe hebben ons al bijna de das omgedaan. Het moet niet meer dan 250.000 gulden gaan kosten.'

Een andere gedupeerde is de Stichting Lopende Zaken. Woordvoerder Vladimir Mars: 'Die otter komt hier natuurlijk nooit. En toch wordt er enorm geïnvesteerd in dat beest. Wij zouden er best eens van mee mogen profiteren. Ja, we hebben toestemming om ergens gebukt over een loopplank onder een brug door te gaan. Als we de passerende mol en de muis niet laten schrikken en de hond thuis laten. We zullen ons verzetten tegen de sluiting van paden.'

De viskoepel, bij monde van Marko Kraal, is sceptisch. 'Nederland is te zeer doorsneden van wegen om de otterillusie in stand te houden. Wij gaan dan ook niet akkoord met het instellen van een visverbod ten behoeve van dat dier.'

Ook de agrariërs twijfelen. Boer Jan Jaap Jantjes uit de regio Westgraftdijk: 'De natuur laat zich niet sturen. Ik vraag mij af of zo'n project wel zinvol is. Het is meer een prestigeobject waar erg veel geld mee gemoeid is. Vele miljoenen, weet ik. Een organisatie als Het Noord-Hollands Landschap is een bedrijf. De natuur staat op het tweede plan.'

Bergfeld denkt dat de meeste instanties wel zullen inbinden. 'Er was ook een conflict bij de Van Ewijksluis met de fietsersbond. Omdat onze onderdoorgang eerder werd opgeleverd dan hun fietstunnel. Uit rancune hadden de fietsers de buis volgepropt met afval, zodat een tijdlang geen dier van de verbinding gebruik heeft kunnen maken. Je zult zien dat zo'n beestje dat daar helemaal niets aan kan doen die nacht uit nood de weg oversteekt, met het fatale gevolg van dien. Toch hebben we zelfs dat verschil van mening kunnen bijleggen.' Meer moeilijkheden verwacht zij met de contemporaine vormen van menselijke verstoring. 'We zijn alert op jetskiërs, motorcrossers en mountainbikers, die vanzelfsprekend onze gebieden niet mogen betreden. Met behartigers van dergelijke recreatievormen gaan we ook niet onderhandelen. Daar valt geen combinatie mee te maken.'

De grootste stenen des aanstoots zijn de fuiken en vallen die in de gebieden voorkomen. Bergfeld: 'Die vallen zijn bedoeld om de muskusrat tegen te gaan. Maar op het moment dat de otter zijn intrede doet, wordt het problematisch. Een otter heeft dezelfde biotoop als de muskusrat. Zo'n klem maakt geen onderscheid.' Bouwmeester: 'Toch wel. Er wordt momenteel een nieuwe klem ontwikkeld waarmee je wel de muskusrat kunt vangen, maar niet de otter. De onderzoeksafdeling van otterpark Aqua Lutra in Friesland is hem momenteel aan het testen.' Bergfeld: 'Alle tegenslag ten spijt, het otterproject heeft in ieder geval een discussie aangezwengeld. Het heeft lang geduurd, maar de laatste twee jaar merk ik dat instanties eindelijk begrijpen waar het om gaat. Er is een mentaliteitsverandering op gang gebracht.'

Een betrekkelijke, zo blijkt. Bouwmeester: 'De waterschappen waren altijd in handen van de boeren. Die willen een laag grondwaterpeil. Dat druist in tegen de opvattingen van natuurorganisaties. Die willen juist een hoog peil. Door de boerse opvatting is heel Nederland verdroogd. En op dat punt houden de waterschappen nog altijd voet bij stuk. Liever graven ze de grond af om dichter bij het grondwater te komen dan dat ze het peil verhogen. En pas toen het otterproject geld beloofde, waren veel boeren ineens best bereid hun akkerrand zo in te richten dat die voor verbindingszone in aanmerking komt.'

Al zouden de waterschappen het peil verhogen, otters in Noord-Holland blijft een ijdel streven. Bergfeld: 'Een populatie van vijftig heeft eigenlijk al de hele provincie nodig. Het territorium van een otter is enorm groot. En er moeten populaties elders in het land bereikt kunnen worden. Te veel incest schaadt de bloedlijn. Zolang de habitat niet compleet hersteld is, is terugkeer van de otter niet mogelijk. En toch, als ik dan hoor dat er in Overijssel een aantal uitgezet gaat worden, dan hoop ik weer dat ze zich deze richting op verspreiden. Maar al komen ze niet, elke voorziening draagt bij aan de verwezenlijking van de ecologische infrastructuur. Als het zover is kan elk dier vanuit Limburg zo doorstomen naar Den Helder.'

Vanaf de brug over de Korsloot wijst Bergfeld op de 'migratieroute' tussen de 'otterkerngebieden'. Een verruigde rietstrook reikt tot aan de horizon. Links in de verte is een spoorlijn te ontwaren: knelpunt 97. Deze laatste barrière in de verbinding is voorlopig onopgelost en dat zal nog enige tijd voortduren, gezien het budget van Railinfrabeheer. Achter de spoorbaan ligt de dijk: knelpunt 114. Na veel studie heeft het Hoogheemraadschap Uitwaterende Sluizen er op veilige hoogte een pijp doorheen durven slaan.

Rechts in de verte tekent zich knelpunt 101 af. Een viaduct van rijksweg A7 vormt een moeilijk te nemen hindernis. Een ventweg langs de rietstrook leidt erheen. Rijkswaterstaat pakt de onderdoorgang bij de A7 groots aan. Met een bulldozer is getracht een erosieindruk te wekken. In een keet zitten werklui te kaarten. Ernaast liggen tientallen boomwortels op een hoop, bij wijze van dekkingbiedende vegetatie. Bergfeld: 'Behalve voor de otter is deze aanpak in het belang van de muis. Die kan hier schuilen, rusten en eten. Het is de bedoeling dat er een afslag komt zodat de dieren de voortplantingsplek kunnen aandoen die we na de ruilverkaveling in ons bezit hopen te krijgen.' Hoewel omwonenden de passage nogal eens aanzien voor een standplaats grofvuil – regelmatig worden er vuilniszakken en lekkende koelkasten aangetroffen – zijn velen toch vertrouwd met het fenomeen, volgens Bergfeld. Op 'drukbezochte' voorlichtingsavonden is er 'volop begrip gekweekt'.

We laten knelpunt 101 achter ons. Voorbij het dorp Beets blijkt uit de woorden van Bergfeld en Bouwmeester hoe serieus de ecologische expansie moet worden genomen. Er zijn plannen om wegen ten behoeve van het project af te sluiten. Een oud kerkpad is voor mensen niet langer openbaar omdat het geschikt wordt gemaakt voor de otter en zijn gevolg. Links en rechts wordt gebied aangekocht om de verbinding tussen de polders Mijzen en Beetskoog te verbreden. Ook de woonboten in de ringvaart kunnen daar niet blijven liggen. Bergfeld: 'Dat zijn obstakels voor de dieren. De oever is niet bereikbaar.'

In 1997 moest de gemeente Purmerend haar uitbreidingsplannen wijzigen omdat nieuwbouw een ecologische ader gevaarlijk dicht naderde. Bij Avenhorn heeft het Hoogheemraadschap Uitwaterende Sluizen op verzoek van het otterproject een complete rustplaats ingericht. Een overeenkomst werd beklonken met schaatsvereniging Troontjeseiland, die er 's winters de ijsbaan beheert. Vanaf de brug over de Beemsterringvaart is nauwelijks voor te stellen dat het verwilderde gebied binnenkort weer voor schaatsers beglijbaar is. Onder de brug is een loopplank aangebracht. De leden van Troontjeseiland wilden er klunend gebruik van maken, maar daarvoor is hij te smal.

In 1998 concentreerde het Noord-Hollandse otterproject zich op een voorziening in de Schermer. 'Achter de Schermerringvaart ligt de polder heel diep,' meldde Bouwmeester. 'Het water in de ringvaart staat slechts een halve meter onder de dijk. Over de dijk loopt een drukke weg. Dus we willen het dier eronderdoor laten gaan. Het waterschap vindt dat te link. Ze zeggen dat als het water ook maar een beetje stijgt, het door de buis de polder in stroomt. Ik heb me de laatste tijd beziggehouden met het ontwerpen van een buis met daarin een ballon die zichzelf opblaast als het water te hoog komt. Ik hoop dat ze dat veilig genoeg vinden. Vanwege de overstromingen van twee jaar terug reageren de waterschappen wantrouwig op de meeste voorstellen. Terwijl dat een situatie was die zich maar eens in de 75 jaar voordoet. In gesprekken grijpen ze er steeds op terug. Het is de vraag of je in alle gevallen rekening moet houden met situaties die zich eens in de 75 jaar voordoen.'

De zichzelf opblazende ballon van Bouwmeester is er nooit gekomen. In de loop van 1997 werden alle Noord-Hollandse aanpassingswerkzaamheden opgeschort; besloten was dat de otter in het Overijsselse natuurgebied De Weerribben uitgezet zou worden. Mocht de otter onverhoopt oprukken, benadrukte Bergfeld, dan zal hij Noord-Holland in elk geval als een aantrekkelijke provincie ervaren.

De otterillusie 2

In een polyester bootje bij snijdende ochtendkou, een woensdag in februari. Achterop gromt de buitenboordmotor, aan de voorkant kruit ijs over de plecht. 'Dit heeft geen zin, we keren om,' zegt Eward. De duizend en één slootjes in nationaal park De Weerribben liggen dicht, hoewel het ijs door onderstromen dun blijft. Van twee otters hebben we al een week geen signaal ontvangen. Het betreft 01, een Wit-Russisch vrouwtje en 05, een Zweeds mannetje, die na de uitzet innig zijn. Bij de aanlegsteiger van het Staatsbosbeheer-kampement in Kalenberg klauteren Eward, Marco en Wouter, hbo-studenten milieukunde, weer aan wal.

Ze bellen met Freek Niewold van Alterra, een Wagenings onderzoeksinstituut dat belast is met de monitoring. 'Probeer het op de fiets,' zegt Niewold. Vorige week heeft hij voor de vijfde maal tevergeefs met het vliegtuigje boven het gebied gevlogen. De zenders onder de dichtgenaaide otterhuid, ter grootte van een ei, hebben een bereik van ongeveer een kilometer. Alterra moet precies weten waar de beweeglijke beestjes uithangen, dus wordt met inzet van studenten dag en nacht een afmattende peilronde door het labyrintische gebied gemaakt. Op het fietspad dat de Schut- en

Grafkampen aan de westzijde afbakent, steekt Eward de vierkante antenne omhoog tegen de grijze lucht. Marco en Wouter houden het oor aan de krakende portofoon. Geen piepje te horen.

Gisteren was er noodlottig nieuws. Otter 13, een Lets wijfje uit de tweede lichting dat al tijden uit het gebied verdwenen was, werd ten zuidwesten van Emmeloord doodgereden. In oktober stierf al een Tsjechisch mannetje, 04, hij had kanker. Eind januari werd 11, een Wit-Russisch mannetje, vermorzeld op een weg bij het Groningse Stedum, liefst tachtig kilometer van De Weerribben verwijderd. Vijf andere otters worden vermist. Slechts zeven van de vijftien uitgezette otters bevinden zich nog in het natuurgebied. Reinder van der Wal, ottercoördinator van het ministerie van Landbouw, heeft minister Veerman van het jongste verlies op de hoogte gesteld. Hoewel er veertig dieren uitgezet zouden worden, schortte Veerman afgelopen december de vangstwerkzaamheden op, nadat vier otters in Letland en Wit-Rusland nogal bloederig het loodje legden. 'Ik wil van geen dode otter meer horen,' zou de bewindsman gezegd hebben.

Als de studenten terug zijn van de fietstocht bellen ze opnieuw met Alterra. 'Ze moeten gevonden worden,' zegt Niewold door de telefoon. Hij had de studenten gevraagd hun schaatsen van huis mee te nemen, nu geeft hij opdracht die onder te binden. De studenten steken een lang touw bij zich, waarmee ze zich aan elkaar kunnen knopen. Aan het begin van de middag stappen ze het ijs op. Een noordwesterwind blaast hun jassen bol. Eward, die achteraan schaatst, draagt de antenne op zijn rug. Na een flink eind over de Kalenbergergracht slaan ze linksaf de Jurnes in, een brede vaart die de Schut- en Grafkampen recht doorsnijdt.

Ter hoogte van de Tweede Bokvaart klinkt op frequentie .2247 een zwakke piep. 'Vijf, ik heb vijf,' juicht Eward. Om nader positie te bepalen, voeren ze een kruismeting uit. Met verkleumde vingers plaatsen ze de geodriehoek op de fladderende plattegrond, meten het aantal graden uit en trekken een potloodstreep. Met de wind in de rug glijden ze verder richting Meentegat. De euforie is een moment verdwenen als Wouter met daverend geraas door het ijs gaat. Met het touw redden Eward en Marco hem uit het wak, doorweekt zet hij de tocht voort. Wat later vangt Eward ook het signaal op van 01. De zon verdwijnt achter wuivende rietkragen als ze Kalenberg binnen schaatsen. In het vakantiehuisje dat Alterra daar voor ze huurt, bellen ze gloeiend van trots met Niewold, die meteen zijn opdrachtgevers verwittigt.

In het voorjaar van 2002 vloog Addy de Jongh van de Stichting Otterstation Nederland (SON) naar Letland en Wit-Rusland. De Jongh had een bijzondere order op zak: het vangen van in totaal 'twaalf geschikte otters ten behoeve van a.s. herintroductie in 2002', zoals het in de offerte van het ministerie van Landbouw stond geformuleerd. Er was 270.870 gulden aan hem overgemaakt. Evenveel mannetjes als vrouwtjes zou hij leveren. Minstens één jaar oud moesten ze zijn, maar ook niet ouder dan twee. Vanaf twee, zo is bekend, hebben otters de neiging terug te trekken naar hun oorspronkelijke territorium, zelfs als dat zich na een diepe slaap ineens aan de andere kant van de wereld bevindt. De Jongh zou ook voor opvangkooien, vallen en transport zorgen. Een speciaal voor de otters gecharterde Antonov 26 was beschikbaar.

De Jongh is een gezaghebbend otterexpert. Zijn fascinatie met het roofdier ontstond toen hij als biologiestudent in Schotland onderzoek deed naar het onderwatergedrag van Penny, een tamme otter. Tussen Penny en hem ontwikkelde zich een speciale relatie. Hij knuffelde haar, deed haar aan een tuigje en nam haar mee in zijn auto. Soms verbleef ze zelfs bij hem in de caravan, waar ze sliep tussen zijn vuile sokken, zo valt te lezen in een boekje dat De Jongh over otters schreef. Op een dag was Penny ervandoor. 'Het was me al vaker opgevallen dat dat instinctieve gevoel voor haar belangrijker was dan haar relatie met mij,' noteerde De Jongh.

In 1983 bezocht hij het Derde Internationale Otter Symposium in Straatsburg en besloot de Stichting Otterstation Nederland (SON) op te richten. Daar leek weinig reden toe omdat er in Nederland volgens het ministerie van Landbouw, nog ruim driehonderd otters in het wild voorkwamen. De Jongh toonde aan dat dat niet klopte. Het ministerie hing de theorie aan van bioloog Jan Veen, die de schatting baseerde op gevonden hoeveelheden afgekloven zoetwatermosselen. De Jongh bewees dat otters helemaal niet aan deze mosselen knagen, het zijn muskusratten die dat doen. Andere sporen die op de aanwezigheid van otters wezen, zoals pootafdrukken en uitwerpselen, waren volgens

De Jongh al enkele jaren niet meer waargenomen. De SON kon de noodklok gaan luiden.

Vrijdag. In de autopsieruimte van Alterra in Wageningen hangt de geur van ontbinding. 'Aan tafel,' zegt onderzoeker Hugh Jansman die handschoenen aan heeft en een witte chirurgenjas draagt. Hij haalt het dode Letse vrouwtje dat dinsdag bij Emmeloord gevonden werd uit de koeling en legt haar op de snijtafel. Van een aanrijding is niets te zien. 'Vanbinnen is de boel wel redelijk verpulverd,' zegt Jansman. Hij woelt door de dichte vacht waaruit een teek te voorschijn komt.

De linkerachterpoot en de rechtervoorpoot dragen sporen van een vroegere kwetsuur. Met de aanrijding heeft dat volgens Jansman niet te maken. De verwondingen zijn indertijd op Schiphol al geconstateerd. 'Dat is bij het vangen gebeurd,' zegt Jansman. Uit de vriezer pakt hij het ingevroren lichaam van het Wit-Russische mannetje dat in januari bij Stedum werd doodgereden en legt het naast het vrouwtje. 'Deze woog ruim tien kilo, het vrouwtje bijna acht. Dat betekent dat ze sinds de uitzet flink zijn aangekomen.' Het Wit-Russische mannetje heeft een litteken aan de linkervoorpoot, eveneens een gevolg van de vangst.

Sim Broekhuizen arriveert. Hij is een gerenommeerd bioloog en snijdt in een vloeiende beweging de buik van het vrouwtje open. Alle ingewanden en organen komen netjes op een rij naast het lichaam te liggen. De lever is duidelijk kapot. De geïmplanteerde zender en de transponder verdwijnen in een zakje. Na afloop vult Jansman een sectieformulier in. De eerste doodgereden otter, 04, het Tsjechische mannetje met de tumoren, is bij nader pathologisch onderzoek op de afdeling Diergeneeskunde van de Universiteit Utrecht aan stukken gesneden. Jansman wil 11 en 13 intact laten om ze op te kunnen zetten. 'Het is zonde om ze in de destructor te gooien.'

Jansman vertelt over andere herintroductieprogramma's die Alterra in opdracht van het ministerie van Landbouw doet. Onder meer hebben ze gezenderde bevers in de Biesbosch uitgezet en hamsters in het Limburgse Sibbe. 'Ik heb best wat bezwaren tegen het otterproject,' zegt Jansman. 'Voor een bedreigde modderkruiper zul je geen cent krijgen, terwijl er ook veel van dat soort belangrijke soorten op uitsterven staan.' Het achterliggende idee van herintroducties onderschrijft hij wel. 'Als wij als mensen beesten uitroeien moeten we zorgen dat ze weer terugkomen.' Maar maatregelen om uitsterven van de otter tegen te gaan, zijn volgens hem te laat genomen. 'Als bepaalde stoffen eerder verboden waren, was de otter niet verdwenen en hadden we nu niet dit peperdure project hoeven uitvoeren. Maar goed, zo werkt natuurbeheer nu eenmaal.'

In 1988 werd verklaard dat de otter in Nederland was uitgestorven, hoewel er tot in de jaren negentig waarnemingen zijn geweest. In Limburg werden regelmatig ottersporen aangetroffen, in 1999 werd in Flevoland zelfs een dode gevonden. Landbouwminister Gerrit Braks stelde in 1989 het *Herstelplan leefgebieden otter* op. Vele miljoenen kwamen in de daaropvolgende jaren vrij om het Nederlandse landschap geschikt te maken voor de terugkeer. Er werden in diverse provincies, waar 'otterwerkgroepen' werden opgericht, tunneltjes aangelegd, omheiningen opgetrokken, oevers verruigd en uittreedplaatsen aangelegd (zie 'De otterillusie 1'). Het idee erachter was dat niet alleen de otter van die kostbare aanpassingen zou profiteren, maar alle kleine zoogdieren. Van bunzing tot noordse woelmuis.

Aanvankelijk zei het ministerie van Landbouw dat de daadwerkelijke terugkeer van de otter een bijkomstigheid was, als de zoetwatersystemen zich hadden hersteld zou het dier vanzelf wel komen. Onder minister Van Aartsen werd in 1997 besloten dat er, als kroon op het werk, toch otters uitgezet zouden worden. Dit stuitte op verzet van onder meer de Otter Specialist Group van de IUCN, een internationale natuurbeschermingsorganisatie. Die wees erop dat de verwachting is dat over een jaar of vijftig otters vanuit Duitsland naar Nederland komen en dat in andere delen van de wereld gevangen dieren genetische vervuiling kunnen veroorzaken. Maar een Werkgroep Herintroductie Otter was inmiddels al geformeerd en het laagveenmoeras in Noordwest-Overijssel aangewezen als geschikt uitzetgebied. In De Weerribben werden tal van extra maatregelen genomen, waarbij meer dan twintig organisaties betrokken raakten. Zo kregen muskusrattenvallen een kleinere ingang zodat de otter er niet in verstrikt zou raken, terwijl buiten het gebied de vallen onaangepast bleven. Beroepsvissers in het gebied moesten hun fuiken van een keernetje voorzien, de afname in vangst kregen zij gecompenseerd.

De rechtstreekse kosten voor het otterproject in de periode 1990-2002 bedragen volgens het ministerie circa 4,5 miljoen gulden. Indirecte kosten, zoals aanpassingen in het landschap en waterkwaliteitverbetering, zijn niet na te gaan maar bedragen een veelvoud daarvan. Het inhuren van Alterra kost 400.000 gulden per jaar. Van de 4,5 miljoen ging in de jaren negentig 2,5 miljoen naar de SON van Addy de Jongh. Met dat bedrag zou een fokprogramma gerealiseerd worden, maar volgens Alterra is er nooit één otter uit voortgekomen. 'Ik was er een keer en toen liepen er schapen in rond,' zegt Freek Niewold. De Jongh beweert 'wel veertien otters' gefokt te hebben, maar toen hij ze in 2001 voor de herintroductie moest leveren had hij ze niet. Ze zijn volgens hem 'in diverse internationale programma's' ondergebracht. Vanwege een bepaalde genetische lijn, je hebt A-lijnotters en B-lijnotters, zouden ze niet geschikt zijn geweest voor De Weerribben.

Het fokstation werd gebouwd op het terrein van het door de SON geëxploiteerde otterpark Aqua Lutra in Leeuwarden. Daar konden mensen naar otters komen kijken en van alles over marterachtigen vernemen. De bezoekersaantallen werden te enthousiast ingeschat, een bestuurscrisis brak uit en een faillissement volgde. Het park werd doorverkocht aan een dierentuinketen, die het fokstation afbrak. Het is onduidelijk waar de 2,5 miljoen gulden zijn gebleven. Volgens Reinder van der Wal heeft De Jongh nooit kunnen aantonen dat de boekhoudingen van het programma en het noodlijdende park gescheiden waren. 'Het is een desinvestering geweest,' zegt Van der Wal. 'Ik heb onderzocht of het geld terug te vorderen viel. Aan de andere kant zijn wij als ministerie te goedgelovig geweest, slecht opdrachtgeverschap dus.' Toch gunde staatssecretaris Faber de SON in 2001 de order voor het vangen van twaalf otters. 'Ik heb het haar afgeraden,' zegt Van der Wal. Hij wijst erop dat iemand als Jan Oosterwijk, directeur van de Bodyshop en natuurbegunstiger, in het bestuur van de SON zat.

Een dinsdag, begin maart. Rookpluimen boven De Weerribben. Toen er geen turf meer viel te steken zijn de bewoners op rietteelt overgestapt. Elk voorjaar snoeien ze met grote zeisen het trilveen kaal, otterproject of niet. De gave stengels worden bijeen gebonden, het restant gaat in de fik. Op weg naar Kalenberg zie ik overal zwarte, nasmeulende plekken. In de keet van Staatsbosbeheer eten Niewold en de studenten dikke boterhammen uit trommeltjes. Op tafel ligt een plattegrond van het gebied. Wouter tekent uit waar ze gisteren de zeven otters gesignaleerd hebben. Niewold is een beetje nukkig omdat onverlaten de langs de Meenteweg geplaatste otterwaarschuwingsborden hebben ontvreemd.

De geïmporteerde otterpopulatie is door de sterfte en de vermissingen tamelijk overzichtelijk. Je hebt twee niet-geslachtsrijpe Zweedse broers (05, 06) die allebei optrekken met twee rijpe Wit-Russische vrouwtjes (01, 02). De stelletjes bewegen zich in het noorden en noordwesten van het gebied. Naar het oosten strekt zich het territorium uit van het Tsjechische vrouwtje (03) die steeds moeilijker te peilen is omdat de batterij in haar zender bijna op is, iets wat een jaar na de uitzet bij alle otters het geval zal zijn. Het Tsjechische vrouwtje wordt zo nu en dan bezocht door het enig overgebleven geslachtsrijpe mannetje (12) in het project, dat uit Wit-Rusland afkomstig is. Diep in het zuiden, tot slot, woont een onvolwassen Lets mannetje (08) dat niet graag contact heeft met de anderen.

Vandaag varen we in noordwestelijke richting om signaal op te vangen van 01 en 05. Onderweg passeren grote plezierjachten. 'Het valt nu nog mee,' zegt Eward. 'In de zomer zijn ze halfbezopen en draaien ze keiharde muziek.' We leggen aan bij de plek waar 01 en 05 zich gisteren nog ophielden, een dunne strook trilveen, overwoekerd door bramenstruiken. In het water om ons heen drijft het zeldzame krabbescheer boven. 'Aan de overkant stond gisteren nog riet,' zegt Wouter. In de verte snoeien twee rietsnijders met blaffende honden wild om zich heen. Als de antenne omhoog is gestoken horen we niets. We maken een praatje met een van de rietsnijders. 'Wat ik vind van het otterproject? Een grote giller. Een kronkel in hun hersens hebben ze.' De man weet nog goed dat zijn vader otters schoot en er bontmutsen van maakte. 'Waar is het voor nodig om beesten uit te zetten? Dat hebben ze met vossen ook eens gedaan. Ze vreten alles kapot en wij moeten ze weer afknallen.' Zijn honden doen de otters geen kwaad, beweert hij. 'Het zijn lieve beesten.'

We pruttelen verder. Om de kilometer moet de motor van het bootje uit en wordt de antenne de lucht ingestoken. 'Noppes,' zegt Niewold en legt het apparaat weer neer. Het is koud. Niewold sjort aan de startkabel, hij vloekt als Marco 'm vergeet in z'n vrij te zetten. Soms trekt een berkenboom of een ijzeren windmolen voorbij, verder is het riet en nog eens riet. Als we een uittreedplaats passeren speuren de studenten naar uitwerpselen. 'Daar moeten we het mee doen als de zenders op zijn,' zegt Niewold. Als Wouter een verse vindt, reikt Niewold hem een boterhamzakje aan. Na twee uur zijn we terug bij het kampement, zonder 01 en 05 te hebben gelokaliseerd. Niewold stapt in zijn auto die een antenne op het dak heeft staan. Nog op de parkeerplaats vangt hij ineens signaal op. 'Ze zitten hier vlak aan de overkant, die beesten maken je knettergek.'

In Letland had Addy de Jongh afgesproken met Janis Ozolins, jachtdeskundige van het Letse Staatsbosbeheer, die hij kende van ottercongressen. Met Ozolins zou De Jongh in het Gaujapark otters vangen. Daarna vloog hij naar Wit-Rusland waar Vadim Sidorovich, onderzoeker aan een zoölogisch instituut, hem begeleidde naar het stroomgebied van de Lovatrivier. De Jongh liet zijn keuze op deze landen vallen omdat er veel otters in het wild voorkwamen en de autoriteiten coöperatief waren. Sidorovich had een diervriendelijke klem ontwikkeld die De Jongh in april 2002 in beide landen plaatste. De vallen bleken te vriendelijk, bijna alle otters ontsnapten weer, met achterlating van nagels en plukken vacht. Andere dieren als wasberen, bevers en wolven kwamen er minder makkelijk uit los. De Jongh wist slechts drie otters naar Schiphol te verschepen. Het waren allemaal vrouwtjes. Een uit Letland, 00, en twee uit Wit-Rusland, 01 en 02. Het Letse vrouwtje was met 4 à 6 jaar veel te oud.

Met de uitzet kon niet worden gewacht, die was al enkele malen uitgesteld en in de herfst uitzetten geldt als onverantwoord. IJlings haalde De Jongh twee otterbroers uit een Zweeds fokprogramma en liet hij twee verweesde otters uit een Tsjechisch opvangcentrum overkomen, een mannetje en een vrouwtje. Probleem met de Tsjechen was dat ze erg tam waren, een verzorgster vertelde dat ze soms zelfs op schoot sprongen. De zeven otters werden naar Burgers Zoo in Arnhem gebracht, waar ze onderzocht werden en een zender geïmplanteerd kregen. De vis die hen werd geserveerd bevatte een teveel aan PCB, bleek later. In ieder geval kon op 7 juli 2002 in De Weerribben de uitzet doorgang vinden. Voor de zekerheid hadden de Tsjechen enkele dagen in een uitwenkooi in het gebied gestaan. In de kooi werd een vijver met levende vissen aangelegd om te zien of ze wel begrepen dat ze voortaan zelf hun vis moesten zien te vangen. Staatssecretaris Faber ontkurkte een matig schuimende fles champagne. In een flits waren de dieren de hokken uit. Alleen de Zweedse broers treuzelden. Na twaalf dagen was het oude Letse vrouwtje verdwenen, de anderen verging het goed.

Donderdag, twee dagen later. De vriezer in het huisje van de studenten ligt vol met nog te onderzoeken otterpoep. 'Er kan geen brood of iets bij,' klaagt Wouter. Op de grond naast de computer ligt een slordige stapel kopietjes, de oogst van driekwart jaar monitoren. 'Het moet allemaal in de computer maar veel van de aantekeningen zijn nauwelijks leesbaar,' zegt Wouter. Het invoeren kost de studenten veel tijd. 'Wij worden ook geacht dagelijks de *bush* in te gaan, liefst 's nachts. Dan vaar je door zo'n donker bos en fladdert er ineens een eend op.' Er hebben zich de afgelopen week volgens

Wouter geen verschuivingen voorgedaan binnen de populatie, alle zeven otters zijn er nog. Met Niewold rijd ik later op de dag door het gebied. Een meisje op de fiets gebaart. 'Mijn broer heeft vanochtend een otter gezien bij een industrieterrein in Steenwijk,' zegt ze. Niewold stelt haar enkele gerichte vragen. Als ze weg is zegt hij dat het er geen was. 'Dat soort meldingen krijgen we dagelijks.' Toch peinst hij zich suf over het lot van de verdwenen vijf. 'Volgende week gaan we maar weer eens vliegen, richting het noorden van Groningen en Friesland.'

In september 2002 vertrok De Jongh opnieuw naar Letland en Wit-Rusland, ditmaal in bezit van straffere klemmen. Van een bij het project betrokken dierenarts had hij een narcosemiddel meegekregen, een combinatie van *ketamine* en *domitor*. Ervaring met het verdoven van otters had De Jongh niet maar hij had met een blaaspijpje geoefend op boomstammen. Over wat zich precies heeft afgespeeld in Letland en Wit-Rusland is De Jongh vaag. Vaststaat dat z'n klemmen te strak afgesteld stonden. In een evaluatierapport schrijft het ministerie dat het nieuwe type klem weliswaar tot hogere vangstresultaten heeft geleid, 'maar ook tot pootverwondingen'. Wederom waren niet alle vallen uitgerust met valzenders waardoor De Jongh en zijn collega's veel te laat bij een klem arriveerden. Ze troffen onder meer een otter aan die op acrobatische wijze met drie ledematen in drie verschillende klemmen terecht was gekomen.

De Jongh zegt er niet bij te zijn geweest toen de Wit-Russische onderzoeker een zwaar gewonde otter met een geweerschot uit z'n lijden verloste. Hij zegt er ook niet bij te zijn geweest toen deze Sidorovich twee otters met het door De Jongh aangeleverde narcoticum inspoot. Achter in zijn jeep begonnen de dieren te hijgen en te zweten. Sidorovich legde ze nog in een sloot om ze af te koelen, wat niet baten mocht. De Jongh zegt wel in Letland een vrouwtjesotter te hebben geinjecteerd die daarop het leven liet. 'Er moet iets mis zijn geweest met de ketamine,' zegt De Jongh, die verder elke verantwoordelijkheid van de hand wijst.

Toen minister Veerman van de bezwijkingen vernam legde hij het project direct stil. Intussen had De Jongh acht dieren in quarantaine, enkele al langer dan een maand. Ze werden naar Nederland gevlogen in, naar achteraf blijkt, ongeschikte transportkooien. Zeven van de acht bleken minder ernstige tot ernstige verwondingen aan hun vrijheidsberoving te hebben overgehouden. Een teen en wat kootjes moesten geamputeerd worden. De geslachtsverhouding bleek opnieuw ongelukkig. Vijf vrouwtjes, waar er al te veel van waren, en slechts drie mannetjes, waarvan een nog niet geslachtsrijp. Onvergeeflijker was dat zes van de zeven dieren veel ouder dan twee waren. Bij enkele vrouwtjes werden verharde tepels geconstateerd, wat duidt op recente zwangerschap. 'Mogelijk dat er dus nog afhankelijke jongen zijn achtergebleven,' schrijft Alterra in een evaluatie.

Ondanks alle ongerief werden op 28 oktober en op 3 november 2002 de acht dieren toch in De Weerribben losgelaten. 'Om te voorkomen dat paringsbereide vrouwtjes dus onbevrucht blijven is deze aanbeveling gedaan,' aldus Alterra. Binnen een maand renden vijf van de acht otters met visioenen van hun vroegere leefomgeving in de kop de biotoop uit. Een zesde volgde spoedig. Onder de vluchters bevond zich het geslachtsrijpe mannetje dat kort daarna nabij Stedum doodgereden werd. Daar maalde otter 12 vermoedelijk niet om. Hij werd de enig overgebleven geslachtsrijpe man, drie paringsbereide vrouwtjes stonden tot zijn beschikking. Het is echter de vraag of deze Wit-Rus in staat is tot de geslachtsdaad, die zich bij otters als enige zoogdier buik aan buik voltrekt. Met een stel afgebroken tanden en verwondingen aan drie poten liep 12 de meeste vangstverwondingen op van allemaal.

Addy de Jongh staat te trappelen om nieuwe otters te vangen: 'Wie a zegt moet ook b zeggen.' Reinder van der Wal weet niet of De Jongh wel de aangewezen persoon is. 'We zullen er nooit achterkomen wat zich daar precies heeft afgespeeld. Ik vraag me af of de SON wel zo deskundig was als ze zich voordeed.' Van der Wal heeft het narcoticum laten onderzoeken, er was niks mis mee. 'Vermoedelijk is een te hoge dosering toegediend,' zegt Van der Wal. 'In combinatie met stress kan ze dat fataal zijn geweest.' De stress zou veroorzaakt kunnen zijn doordat De Jongh gebruik heeft gemaakt van een ottertang, een instrument waar ervaren vangers liever geen gebruik van maken.

Van der Wal heeft de minister geadviseerd het project weer op te starten, wat betekent dat er opnieuw otters gevangen moeten worden. 'Je zou zeggen: we stoppen vanwege alle ellende. Maar we zitten wel met een populatie daar.' De minister wil nog niet zeggen of het project, wat bij voortgang tot 2006 nog 2,5 miljoen euro zal kosten, gecontinueerd wordt of niet. Hij zegt dat zijn beslissing afhangt van Van der Wals evaluatierapport en van de bevindingen van de aan de Universiteit Utrecht verbonden patholoog Dorrestein, die gevraagd is de sterfgevallen te onderzoeken. Dorrestein, die zelf twijfelt aan de onderzoeksopdracht, moet zich baseren op onvolledige, uit het cyrillisch vertaalde sectierapportjes. Op de dieren zelf valt geen sectie te verrichten want die zijn vernietigd.

Hugh Jansman vindt dat Alterra het project moet staken als niet heel snel nieuwe dieren bijgeplaatst worden. 'Het is onverantwoord om nu te stoppen, de populatie is te klein. Pas met veertig dieren wordt die levensvatbaar. Het is onbegrijpelijk dat de boel stil ligt, verantwoorde wildvang is daardoor eigenlijk al niet meer realistisch.' Jansman ziet één oplossing: opnieuw otters uit fokprogramma's halen. Volgens hem zijn er in Osnabrück, Parijs en Barcelona otters beschikbaar, hoewel niet duidelijk is of het A-lijn- of B-lijnotters betreft.

Ik ben nog vaak naar De Weerribben geweest. Steeds meer en steeds grotere plezierjachten zag ik door het gebied glijden. Bijna kon otter 05, een van de Zweedse broers, op de dodenlijst worden bijgeschreven. Niewold zat hem dicht op de hielen toen hij het dier ineens te voorschijn zag komen. Een zeer uniek moment, otters laten zich zelden zien en overdag al helemaal niet. Niewold rende naar de Meenteweg en met de antenne in de lucht stond hij te wachten of het dier nogmaals te voorschijn zou komen. Een naderende automobilist richtte zijn blik op een man met een soort bliksemafleider. Het ontging hem dat een kletsnat bruin dier onder zijn bumper verdween. Hij voelde dat hij iets schampte en zag Niewold naar z'n haren grijpen. De otter krabbelde op, schudde even en dook toen met een ferme sprong een watertje in.

Verantwoording

Op mijn verkenningstochten door het nieuwe Nederland opereerde ik zo geruisloos mogelijk. Toch ontstond af en toe gerucht – zoals onder de hak van een gedragsbioloog een takje kan kraken – en had mijn aanwezigheid invloed op de loop der gebeurtenissen.

Zo ontstond er tumult op het stadsdeelkantoor Geuzenveld-Slotermeer na publicatie van 'Poel van verderf', wat uiteindelijk leidde tot inperking van de bevoegdheden zoals oud-marinier Gerard Smit die genoot. Inmiddels is er een nieuw zwembad op het terrein gebouwd waar Smit en z'n manschappen onverdroten voort patrouilleren.

De opgetekende onenigheid in 'Een taalbuddy voor de imam' werd beslecht in het voordeel van Jan Hidding. Koos van Midwoud mocht zich niet met de imam bemoeien en moest zich bezig houden met Atabas en later met een nieuwe deelnemer.

Na publicatie van 'Tussen wal en schip' ontstond er rumoer binnen het Amsterdamse brugwachtersbedrijf. De gevreesde directeur Mourits ruimde het veld, tegenwoordig is hij werkzaam in het verzekeringswezen. Ook de pr-functionaris en de routemanager zijn verdwenen van de afdeling Binnenwaterbeheer; een van hen zwaait thans de scepter over het klachtenbureau van de afdeling gemeentebelastingen. Filip Schutte, de gedreven draaier van onder meer de Beltbrug, oefent zijn vak nog altijd uit. Tot op de dag van vandaag heeft hij vanwege zijn uitlatingen ferme kritiek te verduren. Spijt heeft hij niet, te meer daar anno 2003 de automatisering van de Amsterdamse bruggen vrijwel volledig van de baan is. De gemeenteraad besloot dat alleen in nieuwbouwgebied eventueel automatische bruggen gerealiseerd mogen worden, de andere bruggen moeten bemand blijven.

Iemand in het Rotterdamse stadsdeel Hoogvliet nam na publicatie van 'De man die 2½ jaar dood lag' het initiatief tot een stille tocht. Het is mij niet duidelijk of die tocht daadwerkelijk plaatsgevonden heeft.

De reportages 'Nieuwkomers op schoolkamp', 'De man die 2½ jaar dood lag' en 'De otterillusie 2' verschenen in 2003 in *Vrij Nederland*. De overige reportages verschenen tussen 1997 en 2002 in een andere, beknoptere vorm in *De Groene Amsterdammer*. Ik herschreef ze en schrapte hier en daar een te zeer aan de actualiteit gebonden passage. Sommige verhalen, zoals 'De stigmata van Agatha', 'De ongeluckige voyagie' en 'De otterillusie 1' namen na publicatie vermeldenswaardige wendingen, zodat ik die van nieuwe gegevens voorzag.

'De armste wijk van Nederland' was alleen in 1998 de armste wijk van Nederland. Het Sociaal en Cultureel Planbureau nam in de volgende armoedemonitoren geen lijstje op met armste buurten.

Met het beveiligingsbedrijf van Marvin Irion uit 'De bodyguards van Lelylaan' is het niet goed gegaan. Als gevolg van een geweldsdelict uit het verleden werd de vergunning ingetrokken, Irion is nog altijd in een juridisch gevecht verwikkeld. Tot opluchting van de Nederlandse Spoorwegen hevelde hij z'n manschappen over naar een bevriend bedrijf dat thans het gefortificeerde station bewaakt.

Tante Suus uit 'Gewoon gezellig' is overleden. Ze is op de klanken van Frans Bauer de aula uitgedragen.

Funerair genootschap De Terebinth uit 'De necromanen' bestaat nog steeds, evenals de motorclub uit 'Duivels leer op zondag'. Toertochten worden er nog volop georganiseerd, zoals blijkt uit het gastenboek. Een zekere Karin: 'Het was weer een vantastieze dag afgelopen zondag 6 julli er waren d'r honderden acht motor's die reden mee, er waren er ook die moesten gidsen. Zo onder andere mijn vaste maat Mark. Dus ik moest bij iemand anders achterop en dat vond ik niet leuk. We reden ook nog door de oudste stad van nederland (Geertruidenberg) dat was heel leuk. Het zal ook heel leuk zijn geweest als Maxima en Alexander mee reden. We hadden ook nog lekker gegeten bij het A.C.restourand in oosterhout.'

Binnen de Lelystadse woongroep uit 'Woongriep in de woongroep' heeft de individualisering verder doorgezet. Er zijn nog dertien huurwoningen over, de rest is te koop gezet. Het zondagse koffiedrinken is afgeschaft, aan gezamenlijks is er alleen nog het vrijdagse soep eten.

Tot slot de otters. In juli 2003 maakte de minister die gaat over de diertjes, bekend dat er in het voorjaar van 2004 nieuwe otters komen. Ze zullen opnieuw in het wild gevangen worden. Doorslag gaf een rapport van een Utrechtse patholoog, wat vermeldt dat wildvang verantwoord is, als het tenminste geschiedt 'aan de hand van een aangepast verdovingsprotocol'. Het is onwaarschijnlijk dat het otterstation van Addy de Jongh de wildvang zal verzorgen, helemaal zeker is dat niet. Om te voorkomen dat in de tussentijd de bestaande populatie te klein wordt, zullen 'ter overbrugging' in de loop van 2003 'enkele otters uit verschillende fok- en opvangprogramma's' uitgezet worden.

In 'Nieuwkomers op schoolkamp' zijn de namen van de leerlingen Hardeep, Adil, Husseyin en Deborah op last van hun school gefingeerd. In de verhalen 'Goudhaantjes', 'De bodyguards van Lelylaan', 'Zoo zoete dal', 'Woongriep in de woongroep' en 'Nooit meer punniken' zijn op verzoek sommige of alle betrokkenen slechts met de voornaam aangeduid.

Ik ben de redacties van *De Groene Amsterdammer*, oud-hoofdredacteur Gerard van Westerloo in het bijzonder, en *Vrij Nederland* dank verschuldigd, zij stelden mij in staat aan deze verhalen te werken.

Amsterdam, oktober 2003